KÖPFE DES XX·JAHRHUNDERTS

Henning Falkenstein **Alexander Solschenizyn**

COLLOQUIUM VERLAG BERLIN

KÖPFE DES XX · JAHRHUNDERTS
BAND 79

Vom selben Autor erschien in dieser Reihe:
Band 75: Peter Handke

Eine Aufstellung aller bisher in
dieser Reihe erschienenen Biographien
finden Sie auf der letzten Seite
dieses Bandes.

© 1975 Colloquium Verlag Otto H. Hess, Berlin
Fotosatz: Hagedorn, Berlin
Druck: Color-Druck Berlin
Einband: Schöneberger Buchbinderei, Berlin
Schrift: Monophoto Garamond
Buchausstattung: Georg Goedecker
Foto: AP
Printed in Germany · ISBN 3 7678 0377 1

Einführung

„Exklusiv in Farbe: Solschenizyns Weg in die Verbannung" – „L'odyssée de Soljenitsyne" – „Der verdammte Dichter" – „A Tale of Repression" – so überschlugen sich Anfang 1974 viele westliche Zeitungen, und bis heute taucht der Name Alexander Solschenizyn immer wieder in Schlagzeilen auf, Illustrierte bekämpfen sich seinetwegen, Verlage reißen sich um seine Werke, und Buchhandlungen warten auf Neuerscheinungen. Der Osten betreibt Hetze gegen Solschenizyn, aber trotzdem werden auch dort seine Werke mehr oder weniger heimlich gelesen. Woher stammt diese Popularität, die im Westen teilweise zum Rummel ausgeartet ist? Ist sie verdient oder nicht? Hat Solschenizyn kühne avantgardistische Thesen zur Literatur oder Politik aufgestellt? Hat er revolutionäre Werke verfaßt? Ist sein bisheriges Leben von bemerkenswerter Einmaligkeit? Ist er – im Osten und auch im Westen – in das Räderwerk einer politischen Maschinerie geraten? Oder haben die Massenmedien den „Fall Solschenizyn" zu einer Sensation hochgespielt?

Hauptaufgabe der folgenden Untersuchung soll es sein, diese und ähnliche Fragen soweit wie möglich aus dem recht umfangreichen Tatsachenmaterial zu erörtern, was endlich zu der umfassenden Frage führen wird, ob Solschenizyn ein Sprecher der unterdrückten politischen Opposition im Osten oder ein großer Dichter unseres Jahrhunderts ist.

Die Literatur über Solschenizyn hat bereits einen beträchtlichen Umfang angenommen. Warum also noch eine Monographie? Die meisten Werke über ihn sind vorwiegend biographisch ausgerichtet, dazu gibt es allein in deutscher Sprache acht Sammelbände mit Dokumenten, wie Briefen, Protokollen, Interviews usw., die ebenfalls das Biographische betonen. Demgegenüber sind Untersuchungen seiner Werke recht selten und meist auf Einzelaspekte beschränkt; ein Gesamtüberblick über das bisher Erschienene fehlt. Deshalb soll hier das Biographische zusammen mit anderen Voraussetzungen der Betrachtung des Werkes vorangestellt werden, damit dann der Schwerpunkt ganz auf dieses Werk selbst gelegt werden kann. Dies geschieht nicht zuletzt auch deshalb, weil Solschenizyn lieber durch seine Bücher als durch Einzelheiten aus seinem Leben mit seinen Lesern in Verbindung treten möchte.

Solschenizyns Werk ist inzwischen schon recht umfangreich und wird in den kommenden Jahren weiter anwachsen. Ein heute verfaßter Überblick muß natürlich provisorisch bleiben, weil jede neue Veröffentlichung das bisher Gesagte in ein anderes Licht rücken kann. Trotzdem scheint eine dokumentierende Übersicht schon jetzt sinnvoll, war es doch das vor 1970 erschienene Werk, das mit dem höchsten Preis für Literatur ausgezeichnet wurde, dem Nobelpreis.

Valparaiso University (Indiana), USA, 1975   H. F.

Hintergründe und Voraussetzungen

Das Andersartige der russischen Literatur

Es ist häufig zu beobachten, daß alle Literatur, ja alle Kunst, aus einer Opposition entsteht; der Künstler scheint ein Gegenüber zu brauchen, mit dem er sich auseinandersetzt, um dabei das Eigene zu finden. Diese Auseinandersetzung kann direkt erscheinen als politisches, soziales oder historisches Engagement oder sublimiert als Teil von komplexeren Werken. Ist der Staat das Gegenüber, so reagiert er häufig in Form der Zensur. Rußland ist dabei keine Ausnahme, wohl aber die Art der dort geübten Zensur. Gerade diese wurde immer wieder angeprangert und schlug darauf verstärkt zurück. Dies ist keineswegs ein Charakteristikum der sowjetischen „Neuzeit", sondern reicht weit in die zaristische Periode zurück. Dennoch war es von allen Künsten gerade die Literatur, die Rußland im 19. Jahrhundert zum erstenmal Weltruhm brachte; man denke nur an Puschkin, Lermontow oder Gogol in der ersten Hälfte des Jahrhunderts, und an Dostojewski, Tolstoi oder Turgenjew in der zweiten. Seltener erinnert man sich aber daran, daß bereits Puschkin verfolgt, Lermontow (in den Geburtsort Solschenizyns) verbannt, Gogol unterdrückt, Turgenjew ins Exil getrieben und der zum Tode verurteilte Dostojewski in letzter Minute zu vier Jahren Sibirien begnadigt wurde. Den diversen Gruppen der folgenden silbernen Periode der russischen Literatur, den Symbolisten, Serapionsbrüdern, Realisten, Futuristen oder Formalisten, ging es oft nicht viel besser. Die Kommunisten brauchten nur auf diese Tradition der Unterdrückung zurückgreifen, was sie auch

in verstärktem Maße taten, man denke nur an Majakowski oder Mandelstam. Der russische Historiker Roy Medwedjew schätzt, daß allein in der Zeit zwischen 1936 und 1939 über 600 Schriftsteller in Rußland getötet oder in Lagern zum Schweigen gebracht wurden[1].
Warum diese Massenverfolgungen der Schriftsteller? Eine Besinnung auf die marxistische Literaturtheorie macht dies klarer. Die Literatur findet sich dort in den Überbau eines materialistischen Systems verdrängt, in dem sie nur dann existieren kann, wenn sie sich ganz in seinen Dienst stellt, das heißt, wenn sie der kommunistischen Revolution dadurch dient, daß sie vorgeschriebene politische Aufgaben übernimmt, die von der Partei gestellt werden. In seinem Aufsatz *Parteiorganisation und Parteiliteratur* (1905) hatte Lenin zwar gefordert, die Schriftsteller sollten frei schreiben, vorausgesetzt aber, sie schrieben nichts gegen die Partei! 1927 sah sich die Literatur bereits in den ersten Fünfjahresplan eingegliedert, der es ihr zur Aufgabe machte, die Industrialisierung Rußlands zu unterstützen. Hatte es in den zwanziger Jahren neben anderen auch eine Fülle von proletarischen Schriftstellerorganisationen gegeben, so wurden selbst diese im Jahre 1932 mit dem der Partei unterstellten Sowjetischen Schriftstellerverband gleichgeschaltet. Bis zum heutigen Tage dürfen nur von diesem Verband anerkannte Schriftsteller publizieren. Als Direktive wurde 1934 auf dem ersten sowjetischen Schriftstellerkongreß der Begriff *Sozialistischer Realismus* eingeführt, dessen Herkunft ebenso fraglich ist wie seine genaue Definition: „...er [der Sozialistische Realismus] verlangt vom Künstler eine wahrheitsgetreue, historisch-konkrete Darstellung der Wirklichkeit in ihrer revolutionären Entwicklung. Außerdem hat er die Aufgabe, zur ideologischen Transformierung der Werktätigen beizutragen und sie im Geiste des Sozialismus zu erziehen." Dies zeigt einmal, daß der Sozialistische Realismus politisch und nicht künstlerisch ausgerichtet ist, und andererseits, daß die Partei nicht nur die tradi-

tionelle Literatur unterdrücken, sondern auch eine neue züchten wollte, die ganz in den Dienst ihrer Propaganda gestellt werden konnte: wahrheitsgetreu und realistisch ist nicht, was der Dichter, sondern was die Partei darunter versteht! Und die Partei irrt nicht, leidet nicht, scheitert nicht; deshalb darf es im Sozialistischen Realismus auch keine leidenden Menschen geben, sondern nur positive, strahlende Helden. Als positiv wird gewertet, was man als materiellen Erfolg und wachsendes politisches Bewußtsein sichtbar machen kann, beides vorwiegend im Kollektiv. Jeder Individualismus ist verpönt, und nicht zuletzt dadurch sank die Literatur zu formelhafter, nur wenig variierbarer Schwarz-Weiß-Zeichnung ab. Obwohl während des Zweiten Weltkrieges die Bestimmungen etwas gelockert wurden und auch vorwiegend Nationalistisches die Zensur passierte, vollzog sich eine wirkliche Änderung erst durch Chruschtschows berühmte Rede vor dem 20. Parteikongreß im Jahre 1956, in der er im Zuge der Entstalinisierung auch für die Abschaffung der Zensur eintrat. Dies rief jedoch so viele Gegenstimmen hervor, daß er schon bald zurückstecken mußte. Die Literatur sank wieder zur Massenpropaganda ab und ist es bis heute geblieben. Der Dichter Sinjawski hat dies 1966 ganz klar in seinem Schlußwort vor dem Gericht formuliert, das ihn verurteilte: „Schöngeistige Literatur ist eine Form der Agitation und Propaganda. Agitation und Propaganda sind denkbar nur als prosowjetisch oder antisowjetisch. Wenn sie also nicht prosowjetisch ist, muß sie antisowjetisch sein[2]." Nur unter diesem Gesichtspunkt ist zu verstehen, warum der eigentlich ganz unpolitische Pasternak verboten werden konnte. In derselben Rede sagte Sinjawski weiter: „In meiner nicht veröffentlichten Geschichte *Pchenz* steht ein Satz, den ich als autobiographisch bezeichnen möchte: ‚...wenn ich nur anders bin als die anderen Menschen, dann werde ich schon dafür beschimpft.' Das ist es: Ich bin anders. Doch bin ich kein Feind; ich bin ein Sowjet-

mensch, und meine Werke sind keine feindlichen
Werke[3]." Hier kommt die ganze Tragödie des Dichters
unter einer engstirnigen, unbeugsamen Zensur zum
Ausdruck, das, was 1970 von Solschenizyn geistiger
Mord genannt wurde[4].
Nicht nur durch die Tradition einer besonders rücksichtslosen Zensur unterscheidet sich die russische Literatur von der anderer Länder, sondern auch durch eine
Tradition des Kampfes der Schriftsteller gegen diese
Zensur. Längst nicht alle rebellischen Autoren wurden
umgebracht, verbannt, in Lager gesteckt oder des
Landes verwiesen. Die meisten erhielten Publizierverbot,
was seit den dreißiger Jahren mit dem Ausschluß aus
dem Schriftstellerverband verbunden war. Viele Mutige
schrieben jedoch trotzdem weiter. Die Geschichte dieser
verbotenen, nicht zensurierten Untergrundliteratur beginnt in Rußland bereits im frühen 19. Jahrhundert, als
Puschkin 1820 verbotene Manuskripte veröffentlichte.
Ins 19. Jahrhundert fällt auch die Gründung der be-
kanntesten russischen Untergrundzeitschrift *Kolokol* (Die
Glocke) durch Alexander Herzen in London, in der
viele Autoren zu Wort kamen. Häufig gerieten literarische Untergrundzeitschriften in politisches Fahrwasser
und wurden zum Sprachrohr verbotener Parteien, wie
zum Beispiel der demokratischen Bewegung[5]. Als die
bolschewistische Regierung in den zwanziger Jahren
fester im Sattel saß, wurde nicht nur die Zensur härter
als je zuvor, sondern auch die Gesetze gegen die Untergrundveröffentlichungen. Deshalb gab es gegen Ende
der dreißiger Jahre eine Untergrundliteratur ironischerweise nur noch in den Konzentrationslagern, deren
Insassen zu dieser Zeit auf etwa 10 Millionen geschätzt
werden. Versuche, das Tauwetter unter Chruschtschow
zur Gründung von literarischen Zeitschriften auszu-
nutzen, schlugen fehl; die Herausgeber von *Neue Stimme*,
Kultur, *Häresie* wurden bald verhaftet. So konnten verbotene Texte nur noch durch eine Methode verbreitet
werden, für die in den sechziger Jahren ein neues Wort

gefunden wurde: *Samisdat;* es bedeutet soviel wie Selbstverlag – im Gegensatz zu *Gosisdat*, dem Staatsverlag. Wer ein Exemplar eines verbotenen Textes bekommen hat, schreibt es mit möglichst vielen Durchschlägen ab und verteilt diese; der Besitz von Vervielfältigungsmaschinen ist in Rußland Privatpersonen streng verboten. Das Wort *Samisdat* erschien 1962 ganz offen als Verlagsbezeichnung auf der ersten Nummer einer neuen literarischen Zeitschrift, des *Phoenix*, in Leningrad, auch der Herausgeber, Juri Galanskow, nannte sich! Andere Almanache folgten, die meist literarisch an Mandelstam oder die Achmatowa anknüpften und den Sozialistischen Realismus ignorierten: *Syntax* von Alexander Ginsburg, dem späteren Mitherausgeber von *Phoenix, Sphinxe* von Valeri Tarsis; erwähnenswert ist auch die literarische Vereinigung SMOG[6]. Diesem Auftauchen von *Samisdat*veröffentlichungen aus dem Untergrund wurde bald ein Ende bereitet, als Galanskow und Ginsburg zu zwei Jahren Lager verurteilt wurden. 1965 traf es dann Sinjawski und Daniel, die unter Pseudonymen ihre Werke im Ausland veröffentlicht hatten; sie erhielten fünf bzw. sieben Jahre wegen antisowjetischer Propaganda. Daraufhin kam es in Moskau zu völlig ungewöhnlichen Demonstrationen junger Leute gegen diese Urteile. Der inzwischen wieder freigelassene Ginsburg gab 1966 ein *Weißbuch in Sachen Sinjawski und Daniel* heraus, in dem auf ca. 600 Seiten der gesamte Prozeß dargestellt ist; ferner enthält es Solidaritätserklärungen für die Verurteilten aus dem In- und Ausland. Ginsburg wurde natürlich erneut verhaftet, aber sein Weißbuch kursierte in Tausenden von Abschriften nach der *Samisdat*methode. Viele solcher Abschriften gelangen – häufig durch Diplomaten – auch ins Ausland, wo sie meist von Emigrantenverlagen gedruckt und in dieser Form wieder nach Rußland geschleust werden. Dies ist heute so bekannt, daß es kaum noch restlos bekämpft werden kann; fast alle namhaften Autoren veröffentlichen nach dieser Methode[7]. Deutlich wird dies auch an der 1968 gegründeten Untergrundzeitschrift *Chronik der laufenden Ereignisse*[8], einem Nachrichtenmagazin, das wahrheitsgetreu über das berichtete, was die offizielle Presse verschwieg. Die Herausgeber blieben anonym, aber trotzdem bleibt unklar, warum der KGB, der Staatssicherheitsdienst, die *Chronik* nicht energischer zum Schweigen brachte. Wollte man sehen, wer die Gegner waren? Erst 1973 wurde die Einstellung endgültig erzwungen. 1973 trat die Sowjetunion plötzlich auch dem internationalen Copyrightverband bei. Wollte sie versuchen, die zahlreichen *Samisdat*veröffentlichungen russischer Autoren im Ausland unter Kontrolle zu bekommen? Trotzdem scheint die Zukunft der russischen Literatur in diesen Untergrundveröffentlichungen zu liegen, weil so wenigstens der alle dichterische Freiheit erstickende Sozialistische Realismus ignoriert werden kann.

Noch in einem dritten Punkt unterscheidet sich die russische Literatur von der anderer Länder: dem Leser dieser Literatur. Man schätzt, daß ca. 60 Prozent der russischen Bevölkerung erst nach der Revolution lesen und schreiben lernten[9]. Dies macht zwei Dinge deutlich: die Bevölkerung hat ein unvoreingenommenes Bedürfnis, soviel wie möglich zu lesen. Da eine freie Diskussion politischer, sozialer oder philosophischer Themen meist unmöglich ist, verlangt der russische Leser bis zum heutigen Tage vom Schriftsteller als dem Verkünder der Wahrheit eine Stellungnahme zu solchen Themen. Solschenizyn selber hat dies von der Seite des Dichters her klar formuliert: „In unserer Zeit, da die Technik das Leben beherrscht, da materielle Wohlfahrt das Wichtigste ist..., da der Einfluß der Religion auf der ganzen Welt abnimmt, ruht auf dem Schriftsteller eine ganz besondere Verpflichtung. Er hat einen verwaisten Platz einzunehmen[10]."

Biographie

Solschenizyn hat zeitlebens das Scheinwerferlicht der Öffentlichkeit gescheut und sich zum Schreiben in die Einsamkeit zurückgezogen. Deshalb sollen hier manche Details, die von eifrigen Biographen ausgegraben wurden, unberücksichtigt bleiben und nur das erwähnt werden, was dem Verständnis seiner Werke dienen kann oder von ihm selber mitgeteilt worden ist[11].
Am 11. Dezember 1918 wurde Alexander Isajewitsch Solschenizyn in dem Heilbad Kislowodsk (Sauerwasser) am Nordrand des Kaukasus geboren. Die Vorfahren väterlicherseits waren Bauern, die aus Stawropol in der Gegend von Woronesch in den Kaukasus verbannt worden waren. Ihre Traditionsverbundenheit zeigt sich u. a. darin, daß sie ihren Kindern Kalendernamen gaben; so kam Solschenizyns Vater zu dem alttestamentarischen Namen Isaj. Er war der erste in der Familie, der eine Universität besuchte und Philologie studierte. Als Offizier an der deutschen Front heiratete er 1917 Taisja Sacharowna Schtscherbak. Mit ihr zog er in die Nähe der väterlichen Besitztümer, nach Kislowodsk, und wartete dort auf das Ende der Revolutionsunruhen und eine Möglichkeit, weiterzustudieren. Noch vor der Geburt seines Sohnes starb er durch einen Unfall beim Gewehrladen. Die Vorfahren mütterlicherseits waren ebenfalls Bauern.
Es geschieht nicht ohne Grund, daß die bäuerliche Herkunft Solschenizyns hier betont wird, denn durch einen Artikel in der Illustrierten *stern* hat sich über diesen eigentlich recht nebensächlichen Umstand ein Streit entfacht[12]. Es ging darum, ob die Vorfahren Solschenizyns reiche Großgrundbesitzer oder einfache Bauern gewesen seien. Ein *stern*-Reporter hatte in Georgijewsk nordöstlich von Kislowodsk eine 82jährige Tante Solschenizyns, Irina Iwanowna Schtscherbak, ausfindig gemacht, die Solschenizyns Vorfahren als wohlhabende Großgrundbesitzer bezeichnet hatte. Dieser Umstand hätte kaum

über Illustriertenniveau hinausgehende Bedeutung gehabt, wenn nicht die Zeitschrift des Sowjetischen Schriftstellerverbandes, *Literaturnaja Gaseta*, diesen Artikel aufgegriffen und um anderes „belastendes Material" bereichert hätte: Die Vorfahren hätten ausgedehnte Ländereien und große Schafherden in dem Dorf Sablja besessen. Dies sollte zeigen, daß Solschenizyn der Nachkomme von ausbeuterischen Volksfeinden war. Kein Wunder, daß er sich gegen diese Parteihetze wehrte und auch klarstellte, daß der *stern* den russischen Artikel verwertet hatte und nicht umgekehrt[13].

1924 zog Solschenizyns Mutter mit dem Sechsjährigen nach Rostow an der Donmündung, wo sie als schlecht bezahlte Sekretärin arbeitete. Infolge der armseligen Wohnverhältnisse war sie ständig erkältet und starb 1944 an Tbc. 1936 beendete Solschenizyn die Mittelschule; er verfaßte bereits literarische Manuskripte, die aber von keiner Zeitschrift angenommen wurden. Literatur konnte man damals in Rostow nicht studieren, das Leben in Moskau aber war für ihn zu teuer; deshalb ließ er sich an der physikalisch-mathematischen Abteilung der Universität Rostow immatrikulieren. Berufen fühlte er sich nicht zur Mathematik, aber sie fiel ihm leicht, war beruflich aussichtsreich, und rückblickend hat er gesagt, daß sie ihm vermutlich zweimal das Leben gerettet habe. Er wurde ein hervorragender Student und gewann ein Stalin-Stipendium, das es ihm finanziell ermöglichte, von 1939 bis 1941 Fernkurse am Moskauer Institut für Geschichte, Philosophie und Literatur zu belegen. Sein Interesse für Literatur führte ihn auch zum Theater, das gerade von dem in die Provinz Rostow verbannten Regisseur Sawadski gegründet worden war. Wegen seiner chronischen Halsentzündungen wurde Solschenizyn jedoch dort nicht angenommen. Kurz vor Hitlers Überfall auf Rußland im Jahre 1941 bestand er seine Abschlußexamina in Mathematik und Physik; eine ihm vorgeschlagene wissenschaftliche Laufbahn als Mathematiker lehnte er ab. Seit einem Jahr war er mit der Kommi-

litonin Natalja Alexejewna Reschetowskaja verheiratet, als er von seiner Physiklehrerstelle in Morosowsk bei Rostow eingezogen wurde. Wegen seines Gesundheitszustandes diente er zunächst als Pferdeknecht im Troß; als man endlich von seinen Mathematikkenntnissen erfuhr, wurde er zu einem verkürzten Offizierslehrgang abkommandiert, nach dessen Abschluß er – zuletzt als Hauptmann – eine Artilleriebatterie befehligte, die ständig im Fronteinsatz war: vor Leningrad, in Weißrußland und Polen und schließlich in Ostpreußen.
Dort vollzog sich die große Wende in seinem Leben. Schon einige Zeit vor dem Einmarsch der Russen in Ostpreußen hatte der KGB Feldpostbriefe Solschenizyns an seinen Schulfreund Nikolai D. Witkewitsch abgefangen und im Grunde belanglose, aber dennoch beleidigende Äußerungen über Stalins Russisch und sein Führertalent gefunden. In Ostpreußen entdeckte man in seiner Kartentasche weiteres belastendes Material, riß ihm die Achselstücke herunter und transportierte ihn in Richtung Moskau.
Solschenizyn hat später diese Verhaftung niemals als ungerecht bezeichnet; er wußte, daß er gegen das Gesetz verstoßen hatte. Ironischerweise mußte er den KGB-Leuten den Weg von der Front nach Moskau und dort zum berüchtigten Untersuchungsgefängnis Lubjanka selber zeigen. Für eine öffentliche Verhandlung war sein Vergehen zu geringfügig; deshalb wurde er von einem Sonderausschuß aus drei Beamten, einer sogenannten Troika, nach vier Monaten grausamer Untersuchungshaft ohne Verteidiger und in Abwesenheit zu acht Jahren Lager verurteilt, was als relativ milde bezeichnet werden kann, denn sein Freund Witkewitsch bekam von einer anderen Troika zehn Jahre, ebenfalls wegen antisowjetischer Agitation. Zur Verbüßung seiner Strafe wurde Solschenizyn glücklicherweise nicht nach Sibirien geschickt, sondern in ein Lager in der Nähe Moskaus, in dem politische Gefangene zusammen mit Kriminellen inhaftiert waren. Die ungewohnt schwere Arbeit als

Maurer und die ärmliche Lagerkost brachten ihn an den Rand des Todes; nur mit Hilfe von Lebensmittelpaketen seiner Frau überlebte er. Nach knapp einem Jahr rettete ihn die Mathematik: die Gefangenen mußten auf Fragebögen ihren Beruf angeben, und als man las, daß Solschenizyn Mathematiker war, wurde er in ein Forschungsinstitut für Gefangene in Marfino bei Moskau überführt. Vier von den acht Jahren seiner Haft verbrachte er in diesen sogenannten *Scharaschkas,* ein Wort aus dem Lagerjargon, das soviel wie Schwarzmarkt für heiße Ware bedeutet, die Intelligenz der Gefangenen nämlich. Welche Art von Forschung er dort zu betreiben hatte, ist nicht genau bekannt. Nur zu vermuten ist auch, daß er bei dieser Arbeit so erfolgreich war, daß er vom KGB aufgefordert wurde, intensiver weiterzuarbeiten, wozu er sich jedoch nicht hergab. Ergebnis: zurück ins Arbeitslager!
So kam er 1950 in ein Sonderlager für politische Gefangene, das Teil eines riesigen Konzentrationslagerkomplexes in Nordkasachstan war und in der Nähe von Ekibastus lag, ca. 500 Kilometer südlich von Omsk. Von seiner Frau hatte er sich 1949 formell scheiden lassen, weil diese als Frau eines Häftlings kein Staatsexamen ablegen konnte. Jetzt mußte er ohne ihre Unterstützung durch Lebensmittelpakete wieder schwerste Zwangsarbeit verrichten. Als ob das mörderische Klima – glühende Hitze oder eisiger Frost – nicht schon unerträglich genug gewesen wäre, erkrankte Solschenizyn auch noch an einer Magengeschwulst. Eine Operation im Lager hatte nur vorübergehenden Erfolg. Die Geschwulst bildete sich neu; ihren Krebscharakter erkannte man erst später, doch der Befund erreichte Solschenizyn nicht mehr in diesem Lager. Kurz nach Ablauf der acht Jahre, als der Tod Stalins bekannt gemacht wurde, entließ man Solschenizyn, aber nicht in die Freiheit, sondern wie üblich in die ewige Verbannung. Man schickte ihn 2000 Kilometer weiter südlich nach Kok Terek, einem Tatarendorf am Balkaschsee in Südkasachstan.

Dort ließ man ihn, obwohl er als „Volksfeind" das eigentlich nicht durfte, an der Dorfschule unterrichten – zum zweitenmal rettete ihn die Mathematik. Er wohnte zuerst bei der Familie Melnitschuk, dann in einer eigenen Lehmhütte. Da begann der Krebs so stark zu wuchern, daß alle schmerzstillenden Mittel, auch die von kräuterkundigen Hirten, versagten, aber erst nach unerträglich langer Wartezeit bekam er die Genehmigung, sich in einem Krankenhaus in Taschkent in der benachbarten Republik Usbekistan behandeln zu lassen. Im Laufe des Jahres 1954 wurde er dort durch Bestrahlungen und Spritzen tatsächlich geheilt. Im folgenden Jahr erfuhr er von der Entstalinisierung, und 1956 wurde er zusammen mit Tausenden anderer Verbannter nach über elf Jahren entlassen. Um jedoch als Lehrer an öffentlichen Schulen unterrichten zu können, mußte er auch rehabilitiert werden. Nach vielen Eingaben erreichte er endlich, daß das Urteil gegen ihn am 6. Februar 1957 wegen Mangels an Beweisen aufgehoben wurde.

Nach all den Jahren in Kasachstan zog es Solschenizyn wieder in das europäische Rußland, in einen Teil des Landes, wo es Wälder, Flüsse und Seen gab. Er meldete sich bei dem Schulamt in Wladimir, ca. 200 Kilometer östlich von Moskau. Von dort schickte man ihn zunächst nach Wyssokoje Pole, das aber so abgelegen war, daß es nicht einmal Läden gab. Auf seine Bitte um Versetzung kam er in das etwas größere Torfoprodukt, ein häßliches Braunkohlenstädtchen, in dem er sich wohl zu arbeiten, nicht aber zu wohnen entschied; er zog in das nahegelegene Talnowo. Dort besuchte ihn seine ehemalige, inzwischen wiederverheiratete Frau. Wenig später ließ sie sich von ihrem zweiten Mann scheiden und heiratete Solschenizyn zum zweitenmal. Beide zogen schließlich in ihre Wohnung in Rjasan an der Oka, ca. 200 Kilometer südöstlich von Moskau, wo er Mathematik und Physik an der Schule unterrichtete und sie Chemie an der landwirtschaftlichen Hochschule. Das berufliche Schwergewicht verlagerte sich bei ihm jedoch mehr und mehr vom Lehrer – und alle Zeugen berichten, daß er ein ausgezeichneter Lehrer war – zum Schriftsteller. Natürlich nahm dabei auch der Wunsch zu, mit anderen Schriftstellern in Kontakt zu kommen und Kritik zu hören. Als in der Folge des 22. Parteikongresses im Oktober 1961 Schriftsteller dazu aufgefordert wurden, die Wahrheit nicht länger zu verheimlichen, schickte Solschenizyn nach Vermittlung durch den Germanisten Lew Kopelew, mit dem er in einer *Scharaschka* gesessen hatte, das Manuskript seiner Novelle *Ein Tag des Iwan Denissowitsch* an Alexander Twardowski, Herausgeber der bedeutendsten und liberalsten literarischen Zeitschrift *Nowij Mir* (Neue Welt). Dieser hatte selber Gedichte über Konzentrationslager veröffentlicht und wußte, daß Chruschtschow für den Kampf gegen seine stalinistischen Gegner Schriftsteller suchte. So hatte er Jewtuschenko *(Die Erben Stalins)* und Dudinzew *(Der Mensch lebt nicht von Brot allein)* gefördert, ferner eine neue Literaturenzyklopädie, in der von Stalin verbotene Autoren wieder veröffentlicht und damit rehabilitiert worden waren. Twardowski überging deshalb zunächst die Zensur und wandte sich direkt an Chruschtschow, dessen Sekretär Lebedjew die Novelle nur leicht zensurierte und sie dann dem Ersten Parteisekretär vorlas – dieser soll geweint haben. Sicher sah Chruschtschow sofort, daß er Solschenizyns Erzählung politisch gegen das Andenken Stalins ausnutzen konnte. Er verkündete jedenfalls vor dem Parteipräsidium, er finde die Novelle großartig, worauf sich natürlich kein lauter Widerspruch erhob! Also veröffentlichte Twardowski sie 1962 und kurz darauf auch die Erzählungen *Zwischenfall auf der Station Kretschetowka* und *Matrjonas Hof*. In diesen Erzählungen fehlen das Lob der Partei und der positive Held. Als Solschenizyn in einer anderen Erzählung, *Im Interesse der Sache*, auch noch Parteiführer als unmenschlich hinstellte, erhob sich zum erstenmal vereinzelt Widerspruch, so durch den Schriftstellerverband. *Nowij Mir* veröffentlichte daraufhin positive Leserbriefe, worauf sich der Verband in seiner Zeitschrift *Literaturnaja Gaseta* zu der Behauptung hinreißen ließ, diese Leserstimmen seien gefälscht, was *Nowij Mir* jedoch damit widerlegen konnte, daß die meisten dieser Leserbriefe zuerst an die *Literaturnaja Gaseta* geschickt, von ihr aber nicht abgedruckt worden waren! Dieses Geplänkel konnte den wachsenden Ruhm Solschenizyns indes kaum beeinträchtigen. Ohne daß die Ortsgruppe Rjasan um ihre Meinung gefragt worden wäre, nahm man Solschenizyn in den Schriftstellerverband auf, was diese Ortsgruppe natürlich verärgerte. Damit war er anerkannter Berufsschriftsteller und konnte seinen Lehrerberuf endgültig aufgeben.

Trotz des beinahe phänomenalen Erfolgs des *Iwan Denissowitsch* lebte Solschenizyn bescheiden und zurückgezogen in Rjasan, kaufte sich lediglich bald einen kleinen Wagen, den er Denissik taufte, und später eine mehr als einfache Datscha auf dem Lande. Seine Tage waren mit Arbeit an den zukünftigen großen Romanen ausgefüllt. Mit einer Zusammenfassung der Ereignisse in *Nowij Mir* schien die Kontroverse um ihn vergessen zu sein; sie verschärfte sich aber wieder, als dieselbe Zeitschrift ihn Anfang 1964 als Kandidaten für den Leninpreis (früher Stalinpreis) nominierte. Dies rief sofort konservative Gegenkandidaten auf den Plan, aber Solschenizyn kam von 20 Bewerbern doch unter die letzten sieben. Im April war dann in der *Prawda* zu lesen, der *Iwan Denissowitsch* sei zwar ein großes Werk, aber trotzdem des Leninpreises nicht würdig! Den erhielt ein recht unbekannter ukrainischer Schriftsteller namens Gontschar. Im selben Jahr wurde Chruschtschow gestürzt, und der Einfluß der Neostalinisten, die u. a. versuchten, das Erscheinen verbotener Literatur im Ausland zu verhindern, nahm zu. So kam es zu den erwähnten Prozessen gegen Daniel und Sinjawski. Als dann in diesem Jahr, 1964, der sehr linientreue Scholochow den Nobelpreis für Literatur erhielt[14], wurden die Zügel etwas gelockert: Solschenizyn durfte in der *Literaturnaja Gaseta* einen Artikel über die russische Sprache veröffentlichen. Trotzdem wurde er vermutlich schon zu dieser Zeit vom KGB überwacht. Warum hätte er sonst bei einem Freund, dem Mathematiker Teusch (Pseudonym Blagow), Manuskripte hinterlegt? Gerade bei diesem Freund wurde eine Haussuchung durchgeführt, bei der man nicht nur den *Ersten Kreis der Hölle* fand, sondern auch ein im Lager in Ekibastus konzipiertes und damals auswendiggelerntes Theaterstück, das Solschenizyn später aufgeschrieben hatte, aber niemals veröffentlichen wollte und will; es trägt den Titel *Das Gelage der Sieger* und enthält Äußerungen gegen die Rote Armee. Trotz vieler Versuche gelang es Solschenizyn nicht, diese konfiszierten Manuskripte wieder zurückzubekommen.

Im Jahre 1966 erschienen mehr und mehr seiner Werke als *Samisdat*veröffentlichungen im Ausland. Geschäftstüchtige Verlage priesen Solschenizyn als den wahren Sprecher der politischen Opposition in Rußland, was ihm erheblich bei seinen Versuchen schadete, eine Druckerlaubnis für seine Werke zu erhalten. Erfreulich war dagegen in diesem Jahr die Einladung des Moskauer Schriftstellerverbandes, den noch ungedruckten Roman *Krebsstation* zu diskutieren. Diese Diskussion am 17. November verlief für alle Beteiligten erfreulich; Solschenizyn wurde auf Fehler aufmerksam, aber der größte Teil der Mitglieder lobte sein Werk – endlich hatte er den Kontakt mit Fachleuten. Gedruckt wurde der Roman aber trotzdem nicht; Konstantin Fedin, der Vorsitzende des Sowjetischen Schriftstellerverbandes, verhinderte in letzter Minute sein Erscheinen in der *Nowij Mir*. Im nächsten Jahr ergriff Solschenizyn daraufhin die Initiative und schrieb am 16. Mai 1967 einen sehr gewürzten offenen Brief an den Vierten Schriftstellerkongreß, in dem er nicht weniger als die Abschaffung der Zensur forderte und detailliert die Ungerechtigkeiten gegen ihn aufzählte: die Beschlagnahme und Unterdrückung seiner Manuskripte, die Entfernung des *Iwan Denissowitsch* aus Buchläden und Bibliotheken, das Verbot von Dichter-

lesungen, die Verleumdungskampagnen, in denen verbreitet wurde, er sei nicht als politischer, sondern als krimineller Häftling im Lager gewesen, habe im Krieg mit den Deutschen sowie der Wlassow-Gruppe sympathisiert und unterstütze jetzt den kapitalistischen Westen, weil er die Tantiemen für den *Iwan Denissowitsch* nicht angenommen habe (hätte er es getan, so hätte es geheißen, er verkaufe sich an den Westen!). Die Verleumdung ging später so weit, daß in den Straßen Moskaus ein Double Solschenizyns (ein bezahlter Schauspieler) als betrunkener Weiberheld auftauchte und behauptete, er hieße eigentlich Solschenizer und sei Jude.
Es darf nicht vergessen werden, daß Solschenizyn seinen Brief in eine politisch recht gespannte Situation hineingeschrieben hatte: die Tochter Stalins, Swetlana Allilujewa, hatte Rußland verlassen, und in der Tschechoslowakei brodelte es – auch dort war übrigens die *Krebsstation* als *Samisdat* erschienen. Deshalb ersuchte der slowakische Journalist Ličko Solschenizyn um ein Interview, das ihm auch als erstem Journalisten gewährt wurde; Solschenizyn wollte sich vermutlich auf diese Art gegen die Verleumdungen im Schriftstellerverband wehren. Es war ihm mehr als unangenehm, daß seine Werke im Ausland als Raubdrucke in oft schlechten Übersetzungen erschienen; nach der *Krebsstation* wurden dort *Der erste Kreis der Hölle*, Prosaminiaturen und Erzählungen herausgebracht – in Rußland dagegen wurden bis zum heutigen Tage nur der *Iwan Denissowitsch*, *Zwischenfall*, *Matrjonas Hof*, *Im Interesse der Sache*, *Sachar* und der Aufsatz über die Sprache veröffentlicht. Wie seine anderen Werke in den Westen gelangten, ist nicht restlos bekannt. Eine etwas undurchsichtige Rolle scheint dabei der russische Diplomat Victor Louis (Pseudonym) gespielt zu haben: War dem KGB daran gelegen, daß die Werke Solschenizyns im Westen erschienen, damit man ihn dann deswegen anklagen konnte? Rußland war zu dieser Zeit noch nicht Mitglied des Copyrightverbandes, also konnte Solschenizyn von sich aus nichts

gegen die westlichen Verlage unternehmen; er konnte nur weiter um Druckerlaubnis in seinem Heimatland kämpfen. Am 12. September 1967 schrieb er deshalb einen zweiten Brief an das Sekretariat des Schriftstellerverbandes, worauf man ihn am 22. zu einer Diskussion seiner Werke einlud. Er durfte jedoch erst zwei Stunden nach Beginn der Sitzung erscheinen und erntete kaum mehr als unsachliche Vorwürfe; die früheren Verleumdungen wurden wiederholt, das *Gelage der Sieger* wurde ihm erneut angekreidet; weiter hieß es, er befolge nicht die Richtlinien des Sozialistischen Realismus und habe mit der Veröffentlichung seiner Werke im Ausland die Sowjetunion in Mißkredit gebracht. Damit war sein Ausschluß aus dem Schriftstellerverband bereits in die Wege geleitet. Da Twardowski ständig an Einfluß verlor, hatte er keinen mächtigen Befürworter mehr. Vermutlich kam die Ortsgruppe Rjasan nur einer entsprechenden Instruktion nach, als sie im November 1969 eine Scheinabstimmung durchführte und Solschenizyn wegen Gesellschaftsfeindlichkeit aus dem Schriftstellerverband ausschloß. Proteste Solschenizyns beim Moskauer Sekretariat blieben ebenso erfolglos wie die einer internationalen Autorengruppe bei Kossygin.
Solschenizyn resignierte jedoch nicht, sondern arbeitete in der Stille seines primitiven Landhauses bei Moskau an der Straße nach Obninsk weiter. Im Winter konnte man dort jedoch nicht wohnen, weshalb ihm der berühmte Cellist Rostropowitsch einen Teil seiner komfortablen Datscha in Schukowka bei Moskau zur Verfügung stellte. Inzwischen war Solschenizyn aber zu berühmt geworden – „bestraft mit Weltruhm", wie es sein Kollege Kawerin einmal formulierte –, als daß er ganz in der Stille hätte bleiben können. Als man Rostropowitsch wegen dieser geringfügigen Unterstützung Solschenizyns das Visum strich und als man den Biologen Schores Medwedjew in eine Nervenklinik sperrte, sah er sich wieder zu einem schriftlichen Protest gezwungen.

Im Jahre 1970 wurde er plötzlich in das Scheinwerferlicht der Öffentlichkeit gedrückt: er erhielt die höchste Ehrung für einen Schriftsteller, den Nobelpreis für Literatur. Die sowjetischen Parteiorgane sahen darin nur ein Politikum und bezeichneten Solschenizyn als einen vom Volk Geächteten. Er mußte fürchten, daß man ihm wohl die Ausreise, nicht aber die Wiedereinreise gestatten würde. Deshalb fuhr er nicht nach Schweden und schickte dem Nobelpreiskomitee das Manuskript einer Rede für die Verleihungsfeier. Erst Ende 1974 konnte er in Stockholm den Preis in Empfang nehmen.
Von da an scheint der KGB versucht zu haben, derartig belastendes Material gegen Solschenizyn zu sammeln, daß man ihn des Landesverrates bezichtigen konnte. Am 12. August 1971 wurde in seiner Abwesenheit seine Datscha durchsucht; Gorlow, ein zufällig dazukommender Freund Solschenizyns, wurde zusammengeschlagen. Sein schriftlicher Protest bei Andropow, dem Chef des KGB, blieb ergebnislos. Vor einem inszenierten Autounfall wurde er noch rechtzeitig gewarnt, worauf er nicht mehr Auto fuhr; seine Handschrift wurde gefälscht; Elisabetha Woronskaja, eine Leningrader Freundin, wurde im Gefängnis so lange gequält, bis sie aussagte, wo sich das Manuskript des *Archipel Gulag* befand; nach ihrer Entlassung beging sie Selbstmord. In Rußland konnte er nicht einmal seines Lebens mehr sicher sein, und im Westen machte man mit seinen Büchern, was man wollte! Deshalb beauftragte er den Züricher Anwalt Fritz Heeb mit der Wahrung seiner Autorenrechte im Westen; durch Vertragsabschlüsse mit guten Verlagen, wie der *YMCA Press* in Paris, für die russischen Ausgaben konnte Heeb weitere Raubdrucke verhindern. Um sein Leben zu retten, nutzte er seine internationale Berühmtheit aus und gewährte am 30. März 1972 zwei amerikanischen Korrespondenten ein Interview, in dem er die Tatsachen hinter der Verleumdungskampagne klarstellte. 1973 wurde ihm endlich die Scheidung von seiner ihm mittlerweile entfremdeten Frau gewährt, so

daß er die zwanzig Jahre jüngere Mathematiklehrerin Natalja Swetlowa heiraten konnte, mit der er seit 1969 zusammenlebte und zwei Söhne hatte.
Inzwischen hatte der KGB aber schon genug Material für die geplante Ausweisung Solschenizyns: er lebte ohne Zuzugsgenehmigung bei Natalja Swetlowa in Moskau; mit der Veröffentlichung seiner letzten Werke, *August Vierzehn* und *Archipel Gulag*, im Westen hatte er gegen die neuen russischen Copyrightgesetze verstoßen; viele seiner Werke und seine Interviews mit westlichen Korrespondenten enthielten antisowjetische Äußerungen[15]. Was Solschenizyn nicht wissen konnte, war, daß die Regierung Breschnew die Regierung Brandt bereits von seiner bevorstehenden Ausbürgerung informiert hatte. Solschenizyn wurde zweimal vor Gericht geladen; anstatt zu erscheinen, verfaßte er eine Erklärung für westliche Journalisten. Dann erschienen in seiner Wohnung acht Polizisten, zwei in Uniform und sechs in Zivil, die den Nobelpreisträger wie einen Schwerverbrecher abführten. Inzwischen wurde wohl der russische Botschafter in Bonn und von Bonn aus Heinrich Böll verständigt: Auf Beschluß des Obersten Sowjets Aberkennung der sowjetischen Staatsbürgerschaft und Deportation für Solschenizyn.
Als Solschenizyn am 13. Februar 1974 – wieder von acht KGB-Leuten begleitet – in eine planmäßige Maschine auf dem Moskauer Flughafen gebracht wurde, hatte er keine Ahnung, wohin man ihn bringen würde. Dies erfuhr er erst, als er Schilder mit der Aufschrift „Frankfurt/Main" las und die KGB-Begleiter im Flugzeug zurückblieben. Ein deutscher Regierungswagen fuhr ihn zum Landhaus Heinrich Bölls in Langenbroich in der Eifel. Ununterbrochen von mehr oder weniger rücksichtslosen Reportern umschwärmt, reiste er zwei Tage später nach Zürich, wo er auf die Ankunft seiner Frau und seiner Kinder wartete, die ihre Ausreisevisen noch nicht erhalten hatten. Viele Länder boten ihm Asyl an; er schwankte zuletzt wohl zwischen Norwegen und

der Schweiz. Norwegens Klima schien ebenso wie seine Landschaft dem Moskaus ähnlich, aber der Staat hätte bei einer Einbürgerung die Hälfte seines Vermögens gefordert, und dies wollte er lieber wohltätigen Zwecken zuführen. Also wählte er die Schweiz. In Zürich bezog er ein älteres Doppelhaus in einer ruhigen Straße im Stadtteil Oberstraß. Dort erreichten ihn am 29. März seine Frau, drei Söhne, Stiefsohn und Schwiegermutter. Seine Bibliothek und seine umfangreiche Materialsammlung hatte seine Frau in vierzehn riesigen Koffern mitnehmen dürfen. Nur langsam fand Solschenizyn Ruhe vor sensationshungrigen Reportern. Selten gewährt er ein Interview, so der amerikanischen Fernsehgesellschaft CBS am 24. Juni 1974, in dem er u.a. sagte, er würde sofort in die UdSSR zurückkehren, wenn seine Werke dort gedruckt werden dürften, und zuletzt Ende August dem Osloer Journalisten Udgaard[16]. Ab und an nimmt er in der *Neuen Zürcher Zeitung* zu Ereignissen in Rußland Stellung. Obwohl seine Freunde in Rußland die Wahrheit über ihn in einer umfangreichen Dokumentensammlung zusammengestellt haben, die den gleichen Titel wie einer seiner Aufrufe trägt, *Lebt nicht mit der Lüge,* geht dort die Hetze gegen ihn weiter: man verfaßt Spottgedichte über eine Prostituierte namens Madame Solsche und stellt ihn in Karikaturen als Kain oder Brutus dar. Außerdem dreht man einen Film über ihn, in dem seine erste Frau und sein Schulfreund Witkewitsch angeblich belastende Aussagen gegen ihn machen. Daraufhin gründete Solschenizyn mit Maximow im Herbst 1974 die Zeitschrift *Kontinent,* in der osteuropäische Emigranten zu Worte kommen[17].

Entscheidend bleibt für Solschenizyn, daß er im Exil den inneren Kontakt mit Rußland nicht verliert, denn wie noch im einzelnen zu sehen sein wird, hat sich beinahe jede Phase seines Lebens in einem oder mehreren Werken niedergeschlagen: Teile seiner Jugend in *August Vierzehn,* seine Kriegsjahre vermutlich im *Gelage der Sieger,* der Jegorowerzählung im *Ersten Kreis* und im

Zwischenfall auf der Station Kretschetowka; seine erste Inhaftierung in *Nemow und das Flittchen* und im *Archipel Gulag;* seine Jahre in der *Scharaschka* im *Ersten Kreis,* die in Ekibastus im *Iwan Denissowitsch;* Verbannung und Krankheit in der *Krebsstation* und der *Rechten Hand;* die Zeit unmittelbar nach der Entlassung in *Matrjonas Hof* und schließlich die Jahre in Rjasan in *Im Interesse der Sache* und den Prosaminiaturen. Glücklicherweise, muß man beinahe sagen, schöpfte er bereits in Rjasan immer weniger aus der unmittelbaren Erfahrung und mehr und mehr aus der Reflexion über die Vergangenheit – ein schweizerisch gefärbter Solschenizyn wäre auch kaum vorstellbar!

Theorien – Ideologien – Utopien

Zu Politik und Gesellschaft
Solschenizyn ist sich bewußt, daß er nach all den erwähnten Vorfällen eine weltpolitische Figur geworden ist und deshalb auch zu nichtliterarischen Themen Stellung nehmen muß. Die Frage, die ihm dabei besonders am Herzen liegt, ist die nach Rußlands Vergangenheit, Gegenwart und Zukunft. Mit der Vergangenheit setzt er sich meist künstlerisch auseinander, mit Gegenwart und Zukunft dagegen vorwiegend theoretisch. Am ausführlichsten geschieht dies in seinem *Offenen Brief an die sowjetische Führung*. Ist es nun so, daß Solschenizyn – ähnlich wie Roy Medwedjew oder kürzlich Andrej Sacharow – für eine Revision des Marxismus-Leninismus eintritt[18]? Ganz im Gegenteil! Gerade im Marxismus sieht er die größte Gefahr für Rußland, da dieser weder russisch noch wissenschaftlich sei, sondern eine „primitive, oberflächliche ökonomische Theorie" (S. 42), die sich in nahezu allen Voraussagen geirrt habe und dazu beitrage, eine utopische Weltrevolution vorzubereiten; die den Menschen total auf das Materielle ausrichte, auf eine Technik, die nutzlos den Weltraum erforsche und

dabei die Erde verschmutze, die Waffen produziere, um damit andere Länder zu knechten und Kriege zu produzieren – der drohende Krieg mit China würde das Ende Rußlands bedeuten, das schon im letzten Weltkrieg an den Rand des Untergangs gebracht worden sei. Häufig erinnern seine Gedanken an das 18. Jahrhundert, aber müssen sie deswegen falsch sein? Außerdem macht er ganz konkrete Vorschläge: „Sie [die sowjetische Führung] behalten die ganze unerschütterte Macht, die isolierte, starke, in sich geschlossene Partei, die Armee, die Miliz, die Industrie, das Transportwesen, das Nachrichtenwesen, die Bodenschätze, das Außenhandelsmonopol, den Rubelzwangkurs – doch lassen Sie doch das Volk atmen, denken und sich entwickeln" (S. 56). Rußland soll sich weltpolitisch isolieren, schlägt Solschenizyn weiter vor, und sich auf die Erschließung des riesigen Sibiriens konzentrieren, wobei die Fehler der marxistischen Fünfjahrespläne vermieden werden könnten durch eine Wirtschaft ohne den Götzen Fortschritt, ohne verschmutzte Städte und unter Betonung des Landes als wichtigstem Faktor beim Aufbau wirtlicher Städte. „DIE ERDE, DAS IST RUSSLAND" (S. 28). Bei der Neugestaltung aller Bereiche des wirtschaftlichen, politischen und gesellschaftlichen Lebens sollen ethische Prinzipien den Ausschlag geben, die jeder Mensch nicht etwa in einer Ideologie, sondern in sich selbst finden könne – ein Gedanke, der auch in den Romanen zu finden ist, weiter in dem Aufsatz *Lebt nicht mit der Lüge* und in seiner Rede zur Verleihung des Nobelpreises. Ist dies zu utopisch? Aber hat nicht auch Chruschtschow versucht, Sibirien weiter zu erschließen, und hat nicht auch Amerika den Bau einer Überschallverkehrsmaschine gestoppt, weil diese Entwicklung der Technik dem Menschen nicht mehr nützlich war?

Zu Religion und Kirche
Solschenizyn glaubt, daß die Freiheit des Menschen nicht beschränkt wird, wenn politische Bücher zensuriert wer-

den, wohl aber, wenn Kunst, Wissenschaft und besonders die Religion unterdrückt werden. „Ich selbst sehe heute keine andere lebendige geistige Kraft als die christliche, die die geistige Heilung Rußlands übernehmen könnte[19]." Kann das Christentum aber als Kirche in einem antireligiösen, antichristlichen Staat existieren? Lenin hatte verkündet: „Wir müssen die Religion bekämpfen. Das ist das ABC des gesamten Materialismus und folglich auch des Marxismus[20]." Soll sich die Kirche mit dem ihm feindlichen Regime arrangieren, um wenigstens als Institution minimal weiterexistieren und überleben zu können, oder soll sie offen gegen dieses Regime kämpfen und untergehen? Offensichtlich sind heute in der Sowjetunion nur noch solche Kirchenführer im Amt, die sich arrangiert haben. Und an diese gerichtet schrieb Solschenizyn schon als berühmter Nobelpreisträger seinen *Fastenbrief an den Patriarchen von Moskau und ganz Rußland, Pimen*. Er forderte diesen auf, die Kirche soweit wie möglich vom Joch der Partei zu befreien; statt verlogener Arrangements mit dem Staat solle sie lieber Opfer auf sich nehmen. Die Antwort des Patriarchen steht bis heute noch aus. Die Verachtung der Lüge verbindet das Thema Religion mit allen anderen Gedanken Solschenizyns. Zwar sucht keine seiner Hauptfiguren eine christliche Erlösung, aber der Glaube kann wie bei Aljoscha im *Iwan Denissowitsch* Trost in dem unverschuldeten Leiden im Lager bringen. In anderen Werken, besonders im *Ersten Kreis* und in der *Osterprozession*, zeichnet Solschenizyn Religion und Kirche durchaus positiv, aber irgendwie zu sehr mit dem zaristischen Rußland verbunden und darum heute machtlos als Institution, nicht aber als Glaube im Einzelmenschen. Die Wahrheit, gleichgültig auf welchem Gebiet, muß jeder Mensch für sich allein finden; fest umrissene ideologische Systeme entwirft Solschenizyn deshalb niemals, weder politische noch soziale, noch theologische. Umgekehrt bekämpft er aus diesem Grund das kommunistische System Lenins und seiner Nachfolger. Es verdeckt auf zu vielen Bereichen die Wahrheit, und die immer wieder neu zu ergründende Wahrheit ist Solschenizyns einziger Maßstab, theoretisch, in seinen literarischen Werken und in seinem Leben. So zeigt sich bei ihm selber auch ein tiefes Gottvertrauen, das ihn zu kirchlicher Trauung und Taufe führte und sich einmal auch in einem Gebet ausdrückte: „Mit Dir zu leben, Herr, ist mir ein leichtes! Ein leichtes auch, an Dich zu glauben."

Zu Dichtung und Dichter[21]

Solschenizyn hat betont, daß er mit seinen Lesern allein durch seine Werke sprechen möchte, und nicht durch eine Erörterung der dahinterstehenden Theorie. Auch allgemeine literaturkritische Fragen behandelt er so wenig wie möglich und betont in starker Untertreibung, er kenne die Weltliteratur nicht genug, um darüber sprechen zu können, aber seine Werke zeigen, daß er recht gut mit ihr vertraut ist. In der Auseinandersetzung mit Kollegen im Schriftstellerverband kam natürlich auch Theoretisches zur Sprache, außerdem streut er manchmal literaturkritische Fragen in seine Werke ein – ganz so schweigsam ist er also auf diesem Gebiet doch nicht, wenn man auch vergeblich nach einer systematisierten Literaturtheorie sucht. Deutlich stellt er sich in Gegensatz zum Sozialistischen Realismus, den er in der Gestalt der Pseudodichterin Avieta Rusanow in der *Krebsstation* dadurch karikiert, daß er ihr ausschließlich Worte zweitrangiger sowjetischer Kritiker in den Mund legt und diese dann als oberflächlich entlarvt[22]: „Subjektive Aufrichtigkeit kann unter Umständen im Gegensatz zur wahrheitsgetreuen Schilderung des Lebens stehen – können Sie eine solche Dialektik verstehen?" (S. 251), fragt die linientreue Schreiberin, und wahrheitsgetreu ist natürlich, was die Partei dafür hält. Solschenizyn wendet sich wohl gegen die Auswüchse des Sozialistischen Realismus, nicht aber gegen den russischen Realismus, wie er 1967 vor dem Schriftstellerverband behauptete[23]. Es besteht jedoch kein Zweifel, daß für ihn keine Diskrepanz zwischen subjektiver Aufrichtigkeit und wahrheitsgetreuer Schilderung bestehen kann; vielleicht ignoriert er aus diesem Grunde avantgardistische Techniken und Strömungen und schreibt oft im Stil des europäischen Romans des 19. Jahrhunderts. Die einzige Technik, die er in einigen Werken übernommen hat, ist die der Polyphonie, was bei den betreffenden Romanen noch zu erörtern sein wird. Er versteht sich wohl in erster Linie als Interpret und Chronist der russischen Geschichte dieses Jahrhunderts, was ganz folgerichtig zu einem sehr realistischen Stil führt.

Statt literarischer Theorien erörtert er häufiger das Verhältnis des Autors zu seinem Leser, besonders in dem Interview mit Ličko. Vieles enthülle sich „durch den Schriftsteller früher und von einer unerwarteten Seite. Darin besteht sein Talent[24]". Ferner, so sagt er in seiner Nobelpreisrede, ist der Schriftsteller nicht nur einer Gesellschaft verantwortlich, sondern allen, denn sein Werk ist Teil der Weltliteratur. Es enthält diese große Weite dadurch, daß es, nur vor sich selbst verantwortlich in der Ablehnung aller Hetze, Propaganda und Lüge, Wahrheit ist. Diese Wahrheit ist sowohl zeitlos als auch zeitgebunden – das Paradoxon aller Kunstwerke wird auch hier bei Solschenizyn wieder deutlich[25]: „Ist sein Werk von derart ausschließlicher Aktualität, daß der Autor seinen Blick für das Ewige (sub specie aeternitatis) verliert, so wird das Leben dieses Werkes kurz sein. Widmet er jedoch – umgekehrt – dem Ewigen allzu große Aufmerksamkeit und vernachlässigt die Aktualität, so verliert sein Werk an Farbe, an Kraft: es verliert den Atem." Das Verhältnis von Aktualität und Ewigem ist natürlich für jeden Dichter anders, was Solschenizyn in einem Bild ausdrückt[26]: „Nie kann die Literatur alles im Leben umgreifen. Ich werde ein mathematisches Bild anführen und es erklären: ein jedes Werk kann ein Bündel verschiedener Ebenen enthalten. Dieses Bündel verschiedener Ebenen geht durch *einen* Punkt. Diesen Punkt wählt man aus – je nach Neigung, gemäß seiner eigenen Biographie, nach besserem Wissen usw." Die wohl beste Interpretation seiner Aufgabe als Schriftsteller gab Solschenizyn während der Auseinandersetzung um die *Krebsstation:* „Und überhaupt besteht die Aufgabe des Schriftstellers nicht darin, diese oder jene Verteilungsweise des Sozialprodukts zu verteidigen oder zu kritisieren. Die Aufgabe des Schriftstellers betreffen allgemeinere und dauerhaftere Probleme. Sie betreffen die Geheimnisse des menschlichen Herzens und Gewissens, den Konflikt zwischen Leben und Tod, die Überwindung seelischen Schmerzes und all jener Gesetze der weit verstreuten Menschheit, die in der unausdenkbaren Tiefe der Jahrtausende sich bildeten und dann erst aufgehoben werden, wenn die Sonne erlischt[27]."

Zu Sprache und Übersetzung
Über die Sprache hat sich Solschenizyn kurz theoretisch in einem Aufsatz aus dem Jahre 1965 und auch verstreut in seinen Werken geäußert. Eine Sprachtheorie erwarte man jedoch von ihm nicht. Es geht ihm darum, den russischen Wortschatz nicht verarmen zu lassen, damit das Russische möglichst wieder die Ausdruckskraft seiner alten Sprichwörter gewinnt. Dazu versucht er selber durch die Schöpfung zahlreicher neuer Ausdrücke beizutragen. Bedingt durch seine Themen verwendet er viele Wendungen aus den Lagern, die selbst den meisten Russen unbekannt sind; außerdem benutzt er viel Lokalkolorit der Dialekte, besonders des Südrussischen. Seine Sprachebene ist jedoch durchweg die der gehobenen Schriftsprache. Besonders auffällig ist bei ihm das ständige Bemühen um den richtigen, treffenden Ausdruck, weshalb er schon seit Jahren immer wieder verschiedene Lexika zuhilfe nimmt. Der deutschsprechende Leser steht dem etwas hilflos gegenüber, weil er allein auf Übersetzungen angewiesen ist, von deren Qualität aus er nur schwer die Qualität des Originals beurteilen kann.

Von manchen Werken existieren bis heute mehrere recht unterschiedliche Übersetzungen, weil die Festsetzung der Übersetzungsrechte verhältnismäßig neueren Datums ist und davor viele *Samisdat*texte von mehreren Übersetzern in verschiedenen Verlagen erschienen waren. Dies kann als Beispiel der Titel eines Dramas verdeutlichen: wörtlich übersetzt heißt es *Der Hirsch und die kleine Hütte*, was aber nichts bedeutet, da beide Ausdrücke aus dem Lagerjargon stammen und etwas ganz anderes bezeichnen. So erschienen allein in deutscher Sprache fünf Übersetzungsversuche: *Hirsch und Hure, Der Hirsch und das Lagermädchen, Der Gefangene und die Lagerhure, Der Neue und die Puppe* und schließlich *Nemow und das Flittchen* – aber keiner ist besonders treffend.

Wo spiegelt sich das Ringen Solschenizyns um den richtigen Ausdruck am besten wider, in der wörtlichen, aber stilistisch undeutschen Übersetzung oder in der freien und vom Original weiter entfernten? Ein kleines Beispiel aus *Matrjonas Hof* mag diese Schwierigkeit beleuchten; der Leser möge selber über die Qualität der folgenden drei Übersetzungen urteilen[28]:

„Bei all meiner Bereitschaft, diesem achtbaren Alten behilflich zu sein, wußte ich im voraus, daß ich all das Fruchtlose, was der Alte gleich vorbringen würde, ablehnte. Grigorjew Antoschka war ein dicker, rotbäckiger Bursche aus der achten D-Klasse, der aussah wie ein Kater nach dem Verzehr etlicher Plinsen."

„Bei all meiner spontanen Hilfsbereitschaft diesem würdigen Alten gegenüber lehnte ich von vornherein all das Fruchtlose ab, was er jetzt sagen konnte. Grigorjew, Antoschka, war ein rundes, rotbäckiges Bürschchen aus der Klasse 8 ‚D', das aussah wie ein sattgefressener Kater."

„Bei aller Bereitwilligkeit, dem alten Manne zu helfen, wußte ich bereits, was er jetzt vorbringen würde, und lehnte es innerlich ab, mich mit ihm darüber zu unterhalten, weil das völlig nutzlos war. Antoschka Grigorjew war ein dicker Bengel mit rosa Backen aus der Klasse

8 D. Er sah aus wie ein Kater, der soeben Pfannkuchen gefressen hatte."

Wegen der Eile, in der Solschenizyns Werke oft herausgebracht wurden, schrieben die Übersetzer voneinander ab, wodurch sich häufig Ungenauigkeiten von Ausgabe zu Ausgabe fortpflanzten. Andererseits ist nicht zu erwarten, daß ein Übersetzer allein das umfangreiche Werk Solschenizyns in kurzer Zeit übersetzt. Deshalb bestehen heute auch bei den autorisierten Übersetzungen beachtliche stilistische Unterschiede, besonders auffällig im Vergleich von *August Vierzehn* mit dem *Archipel Gulag*. Vermutlich wird es einer späteren Gesamtausgabe der Werke vorbehalten bleiben, die Übersetzeridiome einander anzugleichen, damit der deutschsprachige Leser nicht glaubt, Solschenizyn habe seinen Stil mit jedem Werk geändert.

Das Frühwerk: Lyrik – Epos – Dramen

„Von Kindheit an zog es mich zur Schriftstellerei, obwohl diese Neigung von niemandem gefördert wurde. Ich schrieb viel von dem üblichen Jugendunsinn; in den dreißiger Jahren versuchte ich, etwas zu veröffentlichen, doch meine Manuskripte wurden nirgends angenommen[29]." So schrieb Solschenizyn in seiner Autobiographie, und viel mehr weiß man bis heute nicht über seine Anfänge. Der Wunsch, eines Tages der Welt mitzuteilen, wie unvorstellbar das Leid der Häftlinge in den Lagern war, gab ihm wohl nicht nur die Kraft zum Überleben, sondern machte ihn erst ganz zum Schriftsteller. Selbstverständlich erhielten die Gefangenen in den Arbeitslagern kein Schreibmaterial, und in den *Scharaschkas,* wo es das gab, konnte man trotz ausgeklügelter Verstecke niemals vor Entdeckung sicher sein. So schrieb Solschenizyn vermutlich seine damaligen Arbeiten auf, lernte das Geschriebene Teil für Teil auswendig und vernichtete es dann. Verse eigneten sich besser zum Auswendiglernen, deshalb gab er ihnen den Vorzug.
Von der Lyrik Solschenizyns ist bis heute so wenig im Druck erschienen, daß es kaum eine Aussage über diese Gattung zuläßt[30]. Fast alle Verse scheinen jedoch aus seiner Frühzeit zu stammen.
Solschenizyns Liebe zum Theater mag den Anstoß für seine ersten dramatischen Werke gegeben haben. Sein frühestes Stück ist das bereits erwähnte, nicht veröffentlichte *Gelage der Sieger* (1950). Nach der Beschlagnahme des Stückes durch den KGB im Jahre 1965 erhielt Solschenizyn für seine späteren Werke keine Druckerlaubnis mehr[31]. Den Äußerungen seiner Gegner im Schrift-

stellerverband läßt sich entnehmen, daß das Stück von einem Hauptmann Nershin handelt, der einer Frau hilft, sich zu der hinter der deutschen Front befindlichen antisowjetischen Wlassow-Gruppe durchzuschlagen. Für die Kritiker war diese Gruppe zu positiv dargestellt, russische Partisanen und die Rote Armee dagegen zu negativ: als raubende, vergewaltigende und dumme Horde. Über die künstlerischen Qualitäten äußerte sich niemand. Um Solschenizyn noch weiter zu denunzieren, grub man das Stück 1969 nochmals zu propagandistischen Zwecken aus und versuchte auch, es in den Westen zu schleusen. Seine Veröffentlichung durch einen westlichen Verlag hätte sofort zu einer Verurteilung Solschenizyns geführt, denn antisowjetische Züge sind in keinem anderen seiner Werke so deutlich. *Le Monde* durchschaute sofort die Absicht und deckte die Tatsachen auf[32]. Trotzdem gelangte auf bis jetzt noch unbekanntem Wege ein dem *Gelage der Sieger* thematisch verwandtes Versepos auszugsweise in die *Zeit;* es trägt den Titel *Preußische Nächte* und stellt dar, wie russische Soldaten ein deutsches Mädchen erschießen, weil sie bei ihm das Bild eines SS-Mannes finden. Auf Betreiben von Fritz Heeb erschienen jedoch die angekündigten Fortsetzungen nicht[33]. Eine Klärung der Hintergründe wird Solschenizyn demnächst veröffentlichen.

Das folgende Stück ist dagegen unter den erwähnten fünf verschiedenen Titeln in deutscher Sprache erschienen; die autorisierte Ausgabe heißt *Nemow und das Flittchen* (1954); der ursprüngliche Titel, *Republik der Arbeit*, wurde von Solschenizyn geändert, als er das Stück politisch entschärfte, um seine Veröffentlichung zu erleichtern. Die Fabel basiert auf den ersten Lagererfahrungen des Autors aus dem Jahre 1945 und spielt 1945/1946 in einem Lager für kriminelle und politische Häftlinge, Männer und Frauen. Durch die Ankunft eines Gefangenentransports, mit dem sich der im Lagerleben noch unerfahrene stellvertretende Arbeitsleiter und ehemalige Offizier Nemow befassen muß, wird die Handlung in

Bewegung gesetzt. Das vieraktige Stück reiht Szenen aus dem Lagerleben episch aneinander, ohne sie dramatisch weiter zuzuspitzen. Zwischen Ankunft und Abtransport zweier Gefangenenzüge versucht Nemow zuerst, verantwortungsbewußt und gerecht für die Gefangenen zu sorgen; er merkt zu spät, daß diese Qualitäten im Lager auf den Kopf gestellt werden: Gemeinheit, Brutalität, Betrug und Lüge bestimmen das Leben der Gefangenen. Der viel zu ehrliche Nemow fällt Intrigen zum Opfer und wird zum Gießer degradiert. Am Ende kommt er nur knapp mit dem Leben davon, als ihn ein Stück Eisen beinahe erschlägt. Neuer Arbeitsleiter wird der brutale Chomitsch, weil er behauptet, er könne die Arbeitsnormen verdoppeln, was natürlich unmöglich ist. Aber anders als Nemow betrügt, schmiert und unterschlägt er, und deshalb setzt er sich durch.

Das Stück dreht sich um das Problem von Gut und Böse: „Warum werden die Menschen im Lager nur so schrecklich? Waren sie auch in der Freiheit so und haben sich nur verstellt?" (S. 53) Aber die meisten sind böse, manche sogar so gleichförmig böse, daß Solschenizyn sie zur Anonymität von Stimmen absinken läßt. Nach welchem moralischen Grundsatz aber soll man im Lager messen? Ljuba, das Flittchen, das eigentlich gar kein Flittchen ist, sondern eine Großgrundbesitzertochter, hat schneller als Nemow die brutale moralische Eigengesetzlichkeit des Lagers erkannt und gibt sich jedem Einflußreichen hin, um am Leben zu bleiben. Aber wie Nemow sehnt sie sich nach Vertrauen und Liebe. Dies finden beide eine Woche lang in beinahe rührseliger Glückseligkeit, bis der Lagerarzt Ljuba zur Mätresse fordert. Ljuba überlebt. Nemow wird trotz beinahe freiwillig übernommener Schwerstarbeit bezeichnenderweise nicht „schrecklich". Er besiegt das Lager anders als Ljuba: „Wissen Sie, was ich manchmal denke? Daß das Leben vielleicht doch nicht das Kostbarste ist, was wir haben... Es klingt merkwürdig, wenn man hier im Lager so etwas sagt – aber vielleicht das Gewissen" (S. 87).

Solschenizyn las das Stück 1962 den Schauspielern des
Theaters *Sowremennik* in Moskau vor und beeindruckte
diese so tief damit, daß es sofort angenommen wurde.
Er gab zusätzlich sehr moderne und an das totale Theater
erinnernde Regieanweisungen: auch im Zuschauerraum
sollten während der Aufführung Wachmannschaften
hinter Stacheldraht erscheinen. Dann aber wurde die
Aufführung untersagt – warum, ist bis heute nicht restlos geklärt[34]. Erst 1970 wurde das Stück in Minneapolis
uraufgeführt, die Urfassung 1974 in Essen.
Erlebnisse in den Lagern in Kasachstan bilden vermutlich den Hintergrund für ein bislang noch unveröffent-
lichtes dramatisches Werk Solschenizyns, ein Filmdreh-
buch mit dem Titel *Die Panzer kennen die Wahrheit*. Genaueres läßt sich jetzt noch nicht darüber sagen, außer,
daß Verhandlungen über Dreharbeiten im Gange, aber
noch nicht abgeschlossen sind.
Leider noch nicht auf Deutsch, aber in anderen Sprachen
westlicher Länder ist Solschenizyns bisher letztes dramatisches Werk erschienen, das einen doppelten Titel
trägt: *Kerze im Wind* und das Bibelzitat *Das Licht, das
in dir ist* (1960). Das Stück nimmt unter seinen Werken
insofern eine Sonderstellung ein, als es als einziges nichts
mit Rußland zu tun hat. Die Handlung findet an einem
unbestimmbaren Ort statt. Auch die Personen lassen auf
kein konkretes Land schließen; sie kommen aus allen
Teilen der Welt und leben in der zweiten Hälfte des
20. Jahrhunderts. Hauptpersonen sind die Freunde
Philip und Alex, die beide durch einen Justizirrtum neun
Jahre unschuldig im Gefängnis gesessen haben. Philip,
jetzt Leiter eines modernen kybernetischen Instituts, ist
Vertreter einer zukunftsgläubigen Naturwissenschaft
und glaubt, das menschliche Leben verbessern zu können, wenn es gelingt, die Gefühle durch eine kyber-
netische Stabilisation der Nervenwellen zu kontrollieren.
Alex – nicht nur der Name macht deutlich, daß hier
Autobiographisches eingeflossen ist –, nach seiner Entlassung zunächst Mathematiklehrer in einem kleinen

Nest, wird von Philip aufgefordert, an seinem Institut mitzuarbeiten. Solschenizyn hatte die naturwissenschaftlichen Grundlagen sehr eingehend studiert und „wollte ein unpolitisches Stück schreiben... Ich wollte moralische Probleme der Gesellschaft in hochentwickelten Ländern aufzeigen, und zwar ohne Rücksicht darauf, ob sie sozialistisch oder kapitalistisch sind"[35]. Als Mitarbeiter Philips gelangt Alex schließlich zu der Überzeugung, daß man Menschen nicht – wie die Versuchsperson Alda – zu gefühllosen Gebilden umwandeln sollte. Er fürchtet, die Forschungsergebnisse könnten eines Tages zu etwas Negativem benutzt werden: zum Beispiel um einer ganzen Armee die Furcht zu nehmen oder um ein ganzes Volk zu zwingen, das gleiche zu denken. Alex glaubt, daß man dem 21. Jahrhundert weniger den wissenschaftlichen Fortschritt als vielmehr die flackernde Kerze der menschlichen Seele weiterreichen sollte, die sich behaupten müsse im Zeitalter der Atome und der Kybernetik. Er möchte sich lieber mit der soziologischen Kybernetik beschäftigen, weil er das menschliche Leben für das vollkommenste Gebilde der Erde hält, die menschliche Gesellschaft dagegen für das unvollkommenste und darum am meisten der Hilfe bedürftige. Dazwischen erklingen Beethoven und Schubert, fühlen sich Menschen allein, glücklich, krank oder elend – eine eigenartige Mischung modernster wissenschaftlicher Gedanken und oft süßlicher Melodramatik. Solschenizyn war rückblickend selber mit diesem Stück nicht restlos zufrieden[36]. Vielleicht mußte sich für ihn erst beim Schreiben lyrischer und dramatischer Werke herausstellen, daß seine eigentliche Begabung in der Prosa lag.

Kurzgeschichten und Novellen

Prosaskizzen
Als sich Solschenizyn in Rjasan niedergelassen hatte, begann er mit erhöhter Intensität an mehreren Entwürfen gleichzeitig zu arbeiten, u. a. an sechzehn Prosaminiaturen, kleinen Skizzen, die oft nur eine oder zwei Seiten lang sind. In über elf Jahren Lager und Verbannung müssen sich bei ihm innere Schwerpunkte gebildet haben, die berücksichtigt werden wollen, ehe man diese Kurzgeschichten als manchmal zu süßlich oder naiv abtut. Die Schule der Lager hatte wohl ganz einfache und vielleicht gerade darum so schwer zu verstehende Tatsachen gelehrt: daß das Leben besser ist als der Tod, das Schöne besser als das Häßliche, die Wahrheit besser als die Lüge. In der Kleinprosa kommt dies jedoch selten überzeugend heraus, weil die beschriebenen alltäglichen Ereignisse, Gestalten oder Dinge nicht transparent werden, um dann eine zusätzliche Dimension zu enthüllen, sondern weil ihnen oft lediglich eine Moral angehängt wird, wodurch sie eindimensional bleiben.
Den Stoff für diese Miniaturen fand Solschenizyn bei Radtouren in der Gegend von Rjasan. Er stieß vor allem auf Zeugen russischer Geschichte, besonders auf Kirchen. In der vielleicht besten Skizze, *Am Oka-Fluß entlang*, beschreibt er, wie diese Kirchen heute geschlossen und verfallen sind oder als Klubhäuser und Lagerschuppen benutzt werden. Das Leben der Dorfbewohner hat aber heute keinen äußeren und auch keinen inneren Mittelpunkt mehr; das Abendläuten, das über den Tag hinauszudenken mahnte, kann nicht einfach durch das Kino ersetzt werden. Statt zu beten, treiben die Menschen Morgengymnastik *(Tagesbeginn)*; nur in Lenin-

grad, der *Stadt an der Newa*, kann die Fülle der Kirchen und Paläste nicht von tristen modernen Zweckbauten verdrängt werden, weil in ihrer Nähe keine Bauplätze vorhanden sind. Zeugen der Geschichte sind aber auch wenig beachtete Bauernhäuser, wenn in ihnen ein Dichter wie Jessenin geboren wurde *(Jessenins Heimat)*. Andere Zeugen der Vergangenheit sind Gräber, so das des Dichters Polonski, das man nicht mehr besuchen kann, weil es zu einem Gefängniskomplex gehört. *Die Asche des Dichters* sei ohnehin umgebettet, heißt es. Wenn man bedenkt, wie wenig in Rußland der Millionen Kriegstoten gedacht wird, fragt man sich, wie später die Gräber der jetzt Lebenden aussehen werden. Für die meisten scheint das belanglos zu sein. *Wir werden nicht sterben,* denken sie in ihrer Oberflächlichkeit. Im Krieg dagegen gab es diese Oberflächlichkeit nicht. An ihn erinnert ein alter rostiger Eimer, der im Schützengraben als Ofenrohr verwendet worden war *(Der alte Blecheimer)*; in ähnlicher Weise kann der *Kolchosrucksack* viel von einer Kolchose erzählen. Die oberflächliche Gegenwart kann die Zeugen der Vergangenheit mißachten oder zerstören, nicht aber die Natur. Man kann zwar den Zutritt zu ihr verwehren, wenn irgendein Parteibonze an einer schönen Stelle wie dem *See Segden* ein Wochenendhaus baut und das Land darum einzäunt. Aber man kann die frische Luft nach einem Regen unter einem Baum selbst in der Stadt noch genießen *(Atmen)*. Nie wird man Leben in der Retorte erzeugen können, deshalb ist jedes kleine Küken ein Wunder *(Das Entlein)*. Die Freude über die Freiheit geht dem Hund *Scharik* über alles, selbst über das verlockende Fressen. Wie Stifter kann man immer noch unter der Gewalt eines Berggewitters erschauern *(Gewitter in den Bergen)* oder das Unbeugsame des Lebenswillens in einem schon zersägten Baumstamm erkennen, der wieder ausschlägt *(Der Ulmenstamm)*, oder das Unverständliche der Natur in dem Drang der Ameisen, in ein verbrennendes Stück Holz zurückzulaufen *(Das Feuer und die Ameisen)*. Gerade das nicht Spektakuläre,

Alltägliche dieser Natur ermöglicht es dem Menschen, sich in ihr zu spiegeln *(Das Spiegelbild im Wasser)*.
Keine dieser Miniaturen vertieft sich jedoch weiter zu einem dichterischen Bild; dazu braucht Solschenizyn anscheinend einen längeren Atem, ein weiteres Ausholen und vor allem mehr Details. Dies verdeutlichen seine längeren Erzählungen, neben denen die Miniaturen eher wie unfertige Vorstufen als wie absichtlich locker und offengelassene Kurzformen dastehen.

Kurzgeschichten
Ausflüge in die Geschichte hielt Solschenizyn auch in komplexeren Kurzgeschichten fest. *Sachar mit der großen Tasche* beschreibt den Besuch des Schlachtfeldes von Kulikowo, wo Prinz Dimitri, der Erbauer des Kreml, im Jahre 1380 den Großkahn der Tataren besiegte. (Dies war ein nationales Thema, und deshalb durfte die Geschichte 1966 erscheinen.) Das Schlachtfeld liegt heute verwildert, und das Denkmal für Dimitri ist verfallen. Eindrucksvoller für den Besucher ist der Aufseher Sachar, ein Unikum mit einer großen Tasche, in der er ein Gästebuch aufbewahrt und auch den Abfall der Touristen wegträgt. Er als einziger kümmert sich um die historische Stätte, ist beinahe so verwachsen mit ihr, daß er wie eine Figur aus dem 14. Jahrhundert wirkt. Trotz seiner Rauhbeinigkeit ist er im Grunde gutmütig und bietet den Touristen seine ärmliche Unterkunft zum Übernachten an, während er selbst in der Kälte draußen kampiert. Obwohl Dimitri bald nach dieser Schlacht wieder den Tataren unterlag, scheint die russische Menschlichkeit nicht unterlegen zu sein und sich durch die Jahrhunderte erhalten zu haben. Die Moral am Ende, historische Stätten nicht zu mißachten, ist noch da, verschwindet aber hinter der Figur des rothaarigen Sachar.
Ein weiteres Thema aus den Miniaturen taucht in einer längeren Geschichte überzeugender wieder auf, das der Kirche in kommunistischer Zeit. Eine *Osterprozession*

findet ein halbes Jahrhundert nach der Oktoberrevolution in der Patriarchenkirche von Peredelkino bei Moskau statt, aber sie ist bedrückender als selbst unter der Tatarenherrschaft. Solschenizyn malt das Bild der verschüchterten Gläubigen, meist Frauen, alte, aber auch junge, die Diakone und Priester, wie sie singend aus der Kirche ziehen. Dreimal so groß ist dagegen eine Gruppe von jungen kommunistischen Lümmeln, „Gesichter ohne Prägung, dumm, dreist, Selbstsicherheit für einen Rubel und Verstand für fünf Kopeken" (S. 252). „Die Gewalttat ist unblutig, die Kränkung trifft die Seele: die vulgär verzogenen Münder, das dreiste Gerede, das Geknutsche und Gerupfe, das Rauchen und Spucken keine zwei Schritt von der Passion Christi entfernt, der siegessichere Blick, mit dem die Flegel auszogen, um mit anzusehen, wie ihre Großväter die Bräuche der Ahnen pflegen."

Ohne Konfrontation mit der Vergangenheit, dafür aber repräsentativer in der Darstellung der sowjetrussischen Gesellschaft, hatte sich Solschenizyn schon 1963 mit der Gegenwart auseinandergesetzt. In der Kurzgeschichte *Im Interesse der Sache* stehen sich Positives und Negatives innerhalb der Parteibürokratie gegenüber. Unter Aufsicht einer Lehrerin haben Schüler eines Technikums ein dringend benötigtes neues Gebäude in zweijähriger freiwilliger Arbeit errichtet. Die Abnahme des Neubaus verzögert sich jedoch, und sie können deshalb nicht einziehen. Plötzlich erscheinen Funktionäre bei dem Direktor des Technikums und teilen ihm mit, man brauche den Neubau für ein Forschungsinstitut – so sei es beschlossen und durchaus im Interesse der Sache. Daran entzündet sich die Frage nach Gut und Böse, Recht und Unrecht. Solschenizyn zeichnete in dem Funktionär Chabalygin eine völlig negative Gestalt: noch darum bemüht, das Institut, dessen Direktor er werden will, in seine Stadt zu bekommen, hat er – wie man später erfährt – die Abnahme des Neubaus absichtlich verzögert. Am Ende stiehlt er dem Technikum auch noch Land, indem er nachts Baupflöcke versetzt. Positive Gestalten sind neben der begeisternden Lehrerin und dem freundlichen Direktor vor allem die vielen betrogenen Schüler, deren Unterschriftensammlungen und Proteste zu nichts führen, denn die Parteibürokratie in der Person des Gebietssekretärs Knorosow entscheidet für das Institut[37]. Warum? Solschenizyn sagt nicht, ob oder wie diesem Unrecht an den Jungen zu begegnen sei, sondern nur, daß, wenn Unrecht und Recht frontal aufeinanderprallen, das Unrecht von Natur aus die härtere Stirn habe – es bleibt am Ende nur der Fluch des Direktors über Chabalygin. Zu einer Rundung, zu einem Ausgleich der Gegensätze kommt es weder bei den Personen noch bei dem Geschehen. Dies haben alle drei Kurzgeschichten gemeinsam. Sie wollen als Erzählungen ohne Lösung gelesen werden, die inhaltlich wie formal offen bleiben, als Ausschnitte aus dem Leben.

Novellen
1963 erschien in *Nowij Mir* eine Novelle von Solschenizyn, die man als eine Art Komposition aus mehreren Einzelepisoden im Stile der Prosaminiaturen ansehen kann: *Zwischenfall auf der Station Kretschetowka*. Was in den Skizzen noch unfertig war, ist hier vollendet; die Menschengestaltung ist mit realistischer Detailschilderung verwoben, jede Schwarz-Weiß-Zeichnung vermieden und die gesamte Erzählung an einer ungewöhnlichen Begebenheit aufgehängt. Den Stoff zu dieser Meisternovelle lieferte Solschenizyn ein Vorfall, von dem er erfuhr, als er während des Krieges zu einem Offizierslehrgang abkommandiert wurde. Immer wieder unterbrochene Telefongespräche führen gleich in die Situation eines Bahnhofes in der Kriegszeit ein – untermalt von den für Solschenizyn charakteristischen realistischen Details: verrostete, schrottreife Lokomotiven, Abstellgleise, rauchende Rangierloks, Zugpersonal, Begleitmannschaften und schließlich das Bahnhofspersonal. Über allem ein spätherbstlicher, kalter Schneeregen. Ebenso depri-

mierend wie das Wetter sind die Nachrichten von dem scheinbar unaufhaltsamen Vormarsch der Deutschen. Aus diesem Hintergrund treten der Stationsvorsteher, Leutnant Sotow, und seine beiden Gehilfinnen, die Fahrdienstleiterin Podschebjakina und die Waggonschreiberin Frossja, hervor. Rückblenden erweitern das Bild. Der junge, sympathische und streng stalinistische Sotow mußte seine schwangere Frau zu Hause zurücklassen, als er auf diesen Bahnhof versetzt wurde. Dann erweitert Solschenizyn durch Miniaturen: Vor einer Woche haben die Deutschen den Bahnhof bombardiert; soeben von der vordersten Front gekommene Soldaten haben versucht, aus einem Transportzug Mehl zu organisieren, wobei einer von Wachsoldaten erschossen worden ist. Dann läuft die Erzählung nach zwei Vorstufen geradlinig weiter zu dem eigentlichen Zwischenfall. Zuerst melden sich bei Sotow zwei Führer von Zugbegleitmannschaften: Gajdukow ist gut gekleidet und genährt, Dygin dagegen total verdreckt und ausgehungert, weil er und seine Leute seit elf Tagen nichts Richtiges zu essen bekommen haben. Sotow versucht trotz später Stunde etwas auf ihre Bezugsscheine zu beschaffen – aber wieder langt die Zeit nicht bis zur Abfahrt ihres Zuges, worauf Sotow sich entschließt, gegen die Vorschrift den Zugteil Dygins abzuhängen, damit dieser sich am Morgen etwas Eßbares besorgen kann. Und dann erscheint, unrasiert, schmutzig, in veralteter, grotesker Uniform, der Schauspieler Tweritinow, der seinen Militärzug verpaßt hat und Sotow nun pflichtgemäß seinen Nachfahrschein vorweist. Sotow fragt ihn routinemäßig aus, wobei ihm der Mann immer sympathischer wird. Sotow macht dann einen Zug ausfindig, mit dem Tweritinow seinen verpaßten Militärzug noch erreichen könnte, als sich durch Zufall herausstellt, daß der Schauspieler nicht weiß, wie Stalingrad früher geheißen hat. „Da riß etwas in Sotow, und kalt lief es ihm über den Rücken! War's möglich? Ein Sowjetmensch soll Stalingrad nicht kennen?" (S. 127) Alle Sympathie ist vergessen, und geschickt lockt Sotow den nun Verdächtigen zu einigen Soldaten, die ihn als möglichen Spion verhaften. Der Schauspieler weiß, was eine solche Verhaftung bedeutet. „Das ist ja *nicht mehr gutzumachen!*", ruft er Sotow zu (S. 135). Was mit dem Schauspieler geschieht, erfährt Sotow nie, obwohl er sich darum bemüht. Niemals wird er diesen Menschen vergessen können, weil hier seine streng stalinistische Erziehung mit seiner Menschlichkeit zusammengestoßen war, und die war unterlegen. Darin schließt sich die innere Handlung; was mit Tweritinow nun wirklich passiert, ist demgegenüber nicht so wichtig.

In demselben Heft von *Nowij Mir* erschien auch die Novelle *Matrjonas Hof*. Wieder liegt der Fabel persönlich Erlebtes zugrunde, und zwar aus der Zeit von Solschenizyns Lehrertätigkeit in Torfoprodukt, 1957. In diesem Jahre war Chruschtschow bereits an der Macht, weshalb Solschenizyn die Ereignisse in das Jahr 1953, in die Zeit Stalins, vorverlegte. Er stellt hier keine zukunftsfreudigen, lächelnden Kolchosbauern dar, sondern bedrückte Menschen, beherrscht von Neid und Ungerechtigkeit. Aber eine Ausnahme gibt es, Matrjona. Nach einem spannungerregenden, aber nicht weiter ausgearbeiteten Rahmen berichtet der Icherzähler, der Lehrer Ignatytsch, wie er in Torfoprodukt ankommt und sich bei der alten Matrjona einmietet. Solschenizyn läßt den Leser sich zuerst sozusagen von außen an diese Gestalt herantasten. Er läßt sie sich gleichsam spiegeln in ihrem nicht ganz sauberen alten Haus, in der Katze, den Mäusen, den Schaben und den Gummibäumen. Er zeigt ihre Armut, ihr Ausgebeutetwerden durch die Kolchose und ihre Unbekümmertheit dem gegenüber – mit ihren 60 Jahren will sie keinen Besitz, will nicht wohlhabend sein, sondern lieber hilfsbereit und zufrieden bleiben.

In dem zweiten Teil der Novelle, die ganz dem klassischen Muster dieser Erzählform folgt, ändert Solschenizyn diese analytische Charakterisierung und läßt Matrjona sich selber beschreiben. Als eines Tages ein

Schülervater dagewesen ist, erklärt sie am Abend ihrem Mieter, daß dieser Mann nicht nur ihr Schwager, sondern auch ihr ehemaliger Verlobter sei. In der Rückblende erfährt man, daß sie während des Ersten Weltkrieges drei Jahre auf seine Rückkehr wartete und dann seinen Bruder heiratete – dann kehrte er doch noch aus ungarischer Kriegsgefangenschaft zurück. Ihre Ehe hat Matrjona nur Unglück gebracht; ihre Kinder starben alle kurz nach der Geburt; deshalb bat sie sich von ihrer Schwägerin ein Mädchen aus, um es an Kindesstatt großzuziehen. Jetzt sitzt sie wieder allein in dem schmuddeligen Elternhaus der beiden Brüder – ihren ehemaligen Verlobten liebt sie noch immer. In einem dritten Teil rundet sich das Bild der Matrjona dadurch, daß Solschenizyn sie indirekt durch den Vergleich mit ihren Verwandten charakterisiert. Die Pflegetochter will heiraten, kann aber nur dann ein Stück Land bekommen, wenn sie ein Haus darauf baut. Bauholz gibt es nicht, also wird Matrjona gebeten, einen Teil ihres Hauses, ihre gute Stube, abreißen zu lassen und das Bauholz der Tochter zu geben. Sie stimmt unter Druck zu, und alle Verwandten kommen, um zu helfen. Sie laden die Balken auf Schlitten, wärmen sich tüchtig mit Wodka und ziehen die ganze Fuhre endlich mit einem Traktor zum Nachbardorf – Matrjona fährt mit. Auf einem Bahnübergang werden sie alle von einem Schnellzug erfaßt – das ist der anfangs erwähnte Rahmen –, und Matrjona wird getötet. Dies wirkt etwas grell und reißerisch. Dann aber zeichnet Solschenizyn die Tote noch einmal im Kontrast zu ihren Verwandten, die sich in ihrer Gier nicht nur auf das kleine Eigentum der Matrjona stürzen, sondern auch auf das Bauholz. Wie sehr hatte sie dagegen allen Besitz verachtet und war deshalb zu einer reinen, menschlichen Gerechten geworden, ohne die – nach einem russischen Sprichwort – kein Dorf bestehen kann.

Das novellistische Schaffen Solschenizyns findet unzweifelhaft seinen bisherigen Höhepunkt in seiner längsten Novelle, *Ein Tag des Iwan Denissowitsch* (1962). Durch sie wurde der bislang noch völlig unbekannte Solschenizyn über Nacht zum Wortführer der Unterdrückten der Stalinzeit, denn das Echo auf seine Erzählung war von Anfang an gewaltig. Obwohl Twardowski, der Chefredakteur von *Nowij Mir*, ahnte, daß dieses Echo vorwiegend politisch sein würde, versuchte er in einem Vorwort auf die künstlerische Seite der Novelle hinzuweisen; zwar solle seit dem 22. Parteikongreß der Machtmißbrauch unter Stalin aufgedeckt werden, zwar beruhe die Erzählung auf persönlichen Erlebnissen des Autors, aber man solle sie trotzdem nicht nur als Dokumentation lesen, denn vor allem befreie sie „gleichsam die Seele von der Unaussprechlichkeit dessen, was gesagt werden muß, und festigt gleichzeitig in ihr den Mut und edle Gefühle"[38]. Der lokale Hintergrund für die Novelle ist das Riesenlager Ekibastus in Kasachstan. In einigen Fällen hat Solschenizyn die Namen der Mitgefangenen geändert, in anderen nicht. Wie der Titel sagt, beschreibt er einen durchschnittlichen Tag eines durchschnittlichen Häftlings in einem durchschnittlichen Lager für politische Gefangene. Nichts Unerhörtes passiert in dem grauen, gequälten Einerlei. Iwan Denissowitsch Schuchow, ein Bauer aus dem kleinen Dorf Temgenjowo, war im Zweiten Weltkrieg kurz in deutsche Kriegsgefangenschaft geraten, konnte aber wieder zu den russischen Einheiten zurückfliehen – nur daß man ihm dort die Flucht nicht glaubte und ihn für einen Vaterlandsverräter hielt, der jetzt mit den Deutschen zusammenarbeitete: Zehn Jahre Lager! Nach acht Jahren Haft trifft man ihn als erfahrenen Lagerfuchs wieder: „... stöhne und beuge dich. Wenn du dich widersetzt, zerbrichst du" (S. 331), hat er gelernt. Einerseits kennt er alle Tricks des Lagers, andererseits ist er nichts als eine getretene Woyzeckfigur, die Mitleid erregt. Er kann nur noch an die primitivsten Notwendigkeiten denken, Essen und Wärme. „Während seiner Lager- und Gefängniszeit hatte Iwan Denissowitsch es sich ganz abgewöhnt zu überlegen, was morgen, was in einem Jahr sein wird und wovon er die Familie ernähren soll. Über alles denkt die Lagerverwaltung für ihn nach" (S. 323). Er hilft nur, wenn ihm auch geholfen wird, das ist das Lagergesetz. Von leichtem Fieber geschüttelt, klettert er morgens langsamer als sonst von seiner schmutzigen Sägemehlmatratze, aber schon ist er zu spät: Wegen Bummelei gibt ihm der Aufseher drei Tage Bunker mit Arbeit. Dann erfährt er, daß diese Strafe nur ein Vorwand ist – man braucht jemand, der in Extraarbeit die Kommandantur schrubbt. Danach ißt er die dünne Kohlbrühe, bewahrt ein Stück Brot auf und versteckt es im Sägemehl seiner Matratze, versucht, krank geschrieben zu werden, aber sein Fieber ist nicht hoch genug, und um die 30 Grad Frost kümmert sich niemand. Er sorgt sich um seine Lagerschätze, seine Filzstiefel und seinen selbstgemachten Löffel. Dann wird es Zeit zum Abmarsch seiner 104. Brigade zur täglichen Arbeit. Zuerst das Filzen – man sucht Extraproviant und Kleidungsstücke für eine eventuell geplante Flucht oder Briefe, die herausgeschmuggelt werden sollen; schattenhaft tauchen im Dunkeln andere Brigaden auf, die auch gefilzt werden; es herrscht Kälte; die Brigaden kämpfen miteinander um bessere Arbeit oder Baumaterial – Schuchows Brigade organisiert ein Stück Dachpappe, um damit die Fensteröffnungen des Rohbaus zu verschließen; alle fühlen die völlige Abhängigkeit vom Brigadier, der allein Prozente für seine Gruppe herausschinden kann; zu Mittag gibt es Hafergrütze; dann kommt wieder Arbeit; bespitzelt, bewacht, gefilzt, Todesangst wegen eines Stückchens Sägeblatt, das er gefunden und im Handschuh versteckt hat; Hoffnung auf einen Happen aus Caesars Paket, um das er sich für diesen angestellt hat, doppelte Abendration, Tabakkauf in einer Nachbarbaracke – das ist der Tag des Iwan Denissowitsch.

Die Vorkommnisse des Lagertages werden von Solschenizyn durch ein paar knappe Rückblenden erweitert, die Teile von Schuchows früherem Leben beleuchten, das mehr und mehr verblaßt; und was seine Frau ihm über die heimatliche Kolchose berichtet, die nicht mehr wirtschaftlich ist und sich deshalb auf Teppichmalerei umstellen muß, versteht er nicht. Dadurch begrenzt Solschenizyn seine Erzählung novellistisch auf die Gegenwart des Lagers.

Um seine Titelfigur gruppiert Solschenizyn mehrere Mitgefangene, von denen manche schattenhaft im Hintergrund bleiben, wie zum Beispiel der Arzt oder der Spitzel Pantelejew, andere aber stärker hervortreten, ohne jedoch so detailliert ausgearbeitet zu sein wie Schuchow selbst. Diese Personen sind nicht willkürlich gewählt, sondern bilden einen Querschnitt durch große Teile der russischen Gesellschaft der Stalinzeit, ohne daß sie jedoch ein vollständiges Bild dieser Epoche gäben oder geben sollten.

Im Lager herrscht ein anderes Wertsystem als draußen; besonders wichtig ist die Fähigkeit, physisch und psychisch zu überleben, nicht zum Tier abzusinken. Relativ leicht hat es Schuchows Arbeitspartner, der lustige Lette Kilgas, weil er jeden Monat ein Paket bekommt und deshalb nicht unterernährt ist. Die beiden jungen Esten werden im Lager beinahe zu Brüdern; der fast taube Klewschin taucht aus der Masse auf, auch Pawlo, der Gehilfe des Brigadiers. Besonders sind es jedoch fünf Häftlinge, die deutlicher gezeichnet sind. Der ehemalige Kapitän Bujnowski ist erst seit drei Monaten im Lager und hat dessen Eigengesetzlichkeit noch nicht begriffen, weil sein Gefühl für Gerechtigkeit noch existiert. Als Meister des Betrügens, Bespitzelns und Schmierens erweist sich der „Schakal" Fetjukow, der, zwar ein Bösewicht, aber auch ein lebensuntauglicher Schwächling, vom Lagerleben menschlich vernichtet worden ist und trotz seiner Gemeinheiten nicht überleben wird. Der gebildete Caesar war früher Filmregisseur; er bekommt so häufig Pakete von zu Hause, daß er viele schmieren kann und deshalb nicht zu arbeiten braucht, sondern nur im Büro aushilft. Wichtig ist der Brigadier Tjurin, weil er für seine 104. Brigade Vorteile herausholen kann; er arbeitet selber mit, ist hart, aber nie ungerecht. Wie sonst nur bei Schuchow erwähnt Solschenizyn auch bei ihm etwas aus seiner Vergangenheit: er wurde aus der Armee entlassen und später verhaftet, nur weil er Großgrundbesitzersohn war. Erstaunlich ist Schuchows Pritschennachbar Aljoscha, ein Baptist, der vielleicht als einziger nicht unter dem Lager leidet, nicht um Extrarationen bettelt oder um einen Zug von einer Zigarette, der nicht einmal die Freiheit ersehnt. „Was willst du denn mit der Freiheit? In der Freiheit wird auch dein letztes bißchen Glaube vom Dornengestrüpp erstickt. Freu dich, daß du im Gefängnis sitzt..." (S. 448). Das Lager ist für ihn – anders als für die anderen – eine existentielle Situation. Schuchow antwortet ihm: „...für Christus bist du jetzt hier. Aber wofür sitz ich?" (S. 449) Trotzdem teilt er mit Aljoscha den Kuchen, den er aus Caesars Paket ergattert hat, und zwar ohne Gegenleistung. Was für Aljoscha die Religion, für Caesar die Kunst, für den Kapitän der ideale Kommunismus ist, das ist für Schuchow der Stolz auf seine Arbeit. Selbst als die Brigade schon zurückmarschiert, macht er noch einen Mauerteil fertig, obwohl er damit eine Bestrafung riskiert. Ohne diesen Stolz auf sein Werk könnte er Aljoscha nichts abgeben, würde er wie Fetjukow zum Tier absinken.

Diese sich um Schuchow gruppierenden Personen bilden den Kern der Novelle; wichtig sind aber auch die in früheren Werken Solschenizyns bereits beobachteten minuziös ausgearbeiteten Details. Sie sind fast durchweg knapp, präzise, wie von einem Scheinwerfer angeleuchtet; nie werden sie vom Autor weiter kommentiert, und sie geben der Novelle ihre unvergeßliche Ausdruckskraft: das Stück Eisenschiene, auf das zum Wecken geschlagen wird; der schwappende Latrinenkübel; der gefrorene Sand; die Fischbrocken und Gräten, die die Gefangenen aussaugen; die Fußlappen; das Stück Sägeblatt im Handschuh; der im Zug unter Mänteln versteckte Tjurin vor seiner Verhaftung; der Offizierston Bujnowskis; das Thermometer – endlos ist die Reihe solcher Details.

Gerade dadurch, daß Solschenizyn jeden Gefühlsausdruck, jeden inneren Bezug auf Personen vermeidet, nie sensationell aufbauscht und scheinbar nur objektiv schildert, ruft er ein um so stärkeres Gefühl hervor. Darin ist der *Iwan Denissowitsch* das Gegenteil von *Nemow und das Flittchen*, dem früheren Versuch, das Lagerleben zu gestalten. Dem ausschließlich auf Übersetzungen angewiesenen Leser bleiben natürlich viele sprachliche Feinheiten verschlossen. Russische Untersuchungen des russischen Textes haben gezeigt, daß Solschenizyns Sprachebene die der Hochsprache ist, die er jedoch um den Dialekt Schuchows und um den Lagerjargon bereichert[39]. Gute Übersetzungen zeigen, daß Solschenizyns Bemühen um die Fiktion einer nicht kommentierten objektiven Erzählweise sich auch in der Form der Er-Erzählung offenbart. Größere Unmittelbarkeit wird durch die Ich-Form in zahlreichen inneren Monologen Schuchows hervorgerufen, und natürlich auch durch die Dialoge. Diese werden ständig mit Berichten abgewechselt, damit die nüchterne und sachliche Grundhaltung nicht verlorengeht. Abgesehen von ein paar Flüchen, klagen die Gefangenen nie empört an, aber das Schlucken der Grausamkeiten in geknechteter Stille spricht viel deutlicher. Oft neigt Solschenizyn fast zur Untertreibung, so daß es scheinen könnte, er stelle einen besonders guten Tag in einem nicht besonders harten Lager dar; so ist es für den Leser ein leichtes, sich ein strengeres Lager und einen grausameren Tag auszumalen. Diese künstlerischen Mittel – man mag sie ruhig traditionell oder einfach nennen im Vergleich zu manchen zeitgenössischen Techniken – bewirkten nicht zuletzt den großen Erfolg des *Iwan Denissowitsch*. Äußere Gründe, wie die Unterstützung Chruschtschows oder die spätere Entfernung der Novelle aus Buchläden und Bibliotheken, können dafür nicht allein entscheidend gewesen sein – die Novelle ist einfach künstlerisch besser als andere Lagerliteratur. Zusätzlich muß auch die Leserschaft berücksichtigt werden, und aus ihrem Kreis vor allem die ehemaligen

Lagerinsassen. Bis zum Jahre 1962, als der *Iwan Denissowitsch* erschien, waren in Rußland schätzungsweise zehn Millionen Häftlinge der Stalinzeit begnadigt worden. Solschenizyn erhielt eine Flut von Leserbriefen früherer Häftlinge und auch Angehörigen des Aufsichtspersonals, sammelte sie und gab sie später in Auszügen und kommentiert unter dem Titel *Die Leser des „Iwan Denissowitsch"* heraus. Diese Briefsammlung wurde vom KGB konfisziert, gelangte aber als *Samisdat*abschrift in den Westen[40]. Gerade weil Solschenizyn so objektiv darstellte, erkannten sich viele Häftlinge in der Novelle wieder, identifizierten sich mit dem einen oder anderen, oder glaubten, sich an diesen oder jenen zu erinnern. Viele von ihnen standen monatelang in Bibliotheken Schlange, um das Buch entleihen zu können. Ihr Urteil lautete: echt, wahrheitsgetreu, im allgemeinen zu milde, denn die Lager seien in der Mehrzahl viel schlimmer. Später entlassene Häftlinge – Solschenizyns Novelle spielt 1951 – schrieben, daß die Zustände in den Lagern jetzt schrecklicher seien als in den fünfziger Jahren und daß man das viehische Aufsichtspersonal noch immer nicht vor den Richter gestellt habe. Angehörige des Aufsichtspersonals – und selbst eine Mitarbeiterin des Innenministeriums – protestierten gegen die verzerrte Darstellung: „Diesem Solschenizyn trübt der Haß den Blick" (S. 287).

Für die nicht unmittelbar Betroffenen war die Novelle ebenfalls ein Ereignis. Außer einer Welle des Mitleidens mit den Häftlingen und des Erschreckens über das Fortbestehen dieser Form der Lager entstand im In- und Ausland die Hoffnung, daß jetzt, da ein solches Werk hatte erscheinen dürfen, eine Wende zum Guten eintreten werde. Den Literaturfreunden galt die Novelle zusätzlich als eine Hinwendung zum guten Erzählen ohne „technische Mätzchen" (im Westen) oder sogar als eine Erneuerung des Sozialistischen Realismus (Georg Lukács[41]). Eine beträchtliche Anzahl von Menschen erreichte Solschenizyns Werk als Film, mit Tom Courtenay in der Hauptrolle einer englisch-norwegischen Gemeinschaftsproduktion, die 1964 begonnen und 1970 vollendet wurde, im selben Jahr wie die in Israel und Dänemark aufgenommene Filmversion des *Ersten Kreises*.

Der polyphone Roman

Der erste Kreis der Hölle

Nach frühen Versuchen in Lyrik, Versepik und Dramatik scheint sich im Schaffen Solschenizyns eine Entwicklung von der kleinen Prosaskizze zum immer länger und komplexer werdenden Roman abzuzeichnen. In dem Interview mit Ličko äußerte Solschenizyn, er folge in seinen ersten beiden Romanen der Theorie des polyphonen Romans, die 1929 von Michael Bachtin am Werk Dostojewskis entwickelt worden war: Zeitlich und räumlich soll das Werk genau begrenzt sein, darüber hinaus aber eine polyphone Struktur haben, die Solschenizyn folgendermaßen interpretiert[42]: „Jede Person wird zur Hauptperson, wenn die Handlung sie betrifft. Bisweilen ist der Autor für 35 Helden verantwortlich. Keinem von ihnen gibt er den Vorrang. Jede von ihm geschaffene Gestalt muß er begreiflich machen und begründen. Doch darf er den Boden unter seinen Füßen nicht verlieren."
Solschenizyn begann 1955 in Kasachstan den ersten polyphonen Roman zu schreiben, den *Ersten Kreis der Hölle*. Veröffentlicht wurde er 1968 in einer von 96 auf 87 Kapitel gekürzten und veränderten Form, was den Weg durch die russische Zensur erleichtern sollte, als Raubdruck in Westeuropa; in Rußland durfte er bis heute nicht erscheinen. Ein gestrichenes Kapitel hat Solschenizyn jetzt in seiner Zeitschrift *Kontinent* veröffentlicht[43]. Der biographische Hintergrund ist Solschenizyns Aufenthalt in der *Scharaschka*. Dieses Spezialgefängnis sah er als eine Art Vorhölle an, denn die Höllenqualen der Zwangslager brauchten diese Gefangenen nicht zu erleiden. Bei Dante findet man in der Vorhölle große Menschen der vorchristlichen Zeit, die nicht ins Paradies

kommen, weil sie keine Christen waren, andererseits aber auch nicht in die tiefste Hölle, weil sie so bedeutend waren. Die Parallele zu Dante geht noch weiter: in der *Divina Comedia* sind die Bewohner der Vorhölle eigentlich unschuldig, denn wie hätten sie vor Christi Geburt etwas von Christus wissen können! Sind demnach die späteren Christen schuldig, die sie dorthin verdammten? Die Schuldigen scheinen unschuldig und umgekehrt – dies ermöglicht bereits einen Einstieg in den Grundgedanken des Romans, das Aufzeigen der Absurdität, der Widersinnigkeit, der Ambivalenz im Leben der Menschen unter Stalin.
Solschenizyn enthält sich wieder jeder theoretischen Einleitung oder Erklärung und springt in eine konkrete Situation hinein, die er danach zu einer Art Rahmen oder Gerüst für das ganze Werk erweitert: Der elegante und erfolgreiche Diplomat Wolodin steht vor der Beförderung auf einen Posten an der russischen Botschaft in Paris. Er sieht es als seine menschliche Pflicht an, seinen befreundeten Hausarzt vor einer Falle zu warnen. Selbstverständlich muß er dies heimlich tun, wodurch der Rahmen kriminalistische Züge erhält. Er schleicht sich zu einer öffentlichen Telefonzelle und ruft den Arzt an, aber dessen übervorsichtige Ehefrau verhindert die Warnung; außerdem war alle Vorsicht bereits umsonst, weil das Telefon des Arztes überwacht wird und Wolodins Anruf auf Band aufgenommen worden ist. Die spärliche Vordergrundhandlung des sehr umfangreichen Romans besteht lediglich in dem Versuch des KGB, den unbekannten Anrufer zu überführen. Wie bei vielen durchschnittlichen Kriminalromanen weiß anfangs nur der Leser, wer der Täter ist, erst am Ende weiß es auch die Polizei. Sonst aber kehrt Solschenizyn das Kriminalromanschema um: Der KGB identifiziert nicht etwa Wolodin, sondern verhaftet einfach jeden, der irgendwie mit dem Anruf in Verbindung gebracht werden kann, u.a. zwei Verdächtige, deren Stimmen der des Anrufers ähneln – Wolodin ist zufällig einer von ihnen. Zudem

hat er ja eigentlich gar kein Verbrechen begangen, sondern eine gute Tat.

Diese knappe Handlung einer ins Absurde verkehrten Kriminalgeschichte ist die Horizontale in der Struktur des Werkes, die Solschenizyn nach seinem Konzept des polyphonen Romans zeitlich begrenzt – das Riesenwerk spielt an nur vier Tagen, vom 24. bis 27. Dezember 1949 –, und auch räumlich: auf das Forschungsinstitut. Auf diese Horizontale baut Solschenizyn Schicht um Schicht, bis er ein schmales, aber recht hohes Gebäude errichtet hat[44]; die Vertikale wird damit zur bestimmenden Linie. Das strukturelle Problem ist das der Verknüpfung der vielen Schichten oder – musikalisch ausgedrückt – Stimmen zu einem polyphonen Ganzen. Auch nach mehrmaliger Lektüre wird der Leser von der Fülle der Figuren beinahe erdrückt. Manche bleiben wie im *Iwan Denissowitsch* unausgearbeitete Staffage, andere werden zu beinahe selbständigen Novellen ausgeweitet. Solschenizyns kontrapunktische Verknüpfung ist denkbar einfach, denn er kann im Roman nicht wie in der Musik mehrere Stimmen gleichzeitig erklingen lassen, sondern er muß nacheinander sagen, daß, während hier dies geschah, dort etwas anderes passiert. Manchmal führt dies zum Stocken des Erzählflusses, reichen doch die ca. 50 ausgewählten Schicksale vom Hofkehrer bis zur Aufsichtsperson aller Aufsichtspersonen, zu Stalin selber.

Dieser ist es auch, der dem Institut den Auftrag erteilt hatte, Methoden zur Überführung Schuldiger durch die Analyse ihrer Stimmen zu entwickeln. Der Institutsleiter Jakonow ordnet dazu zwei parallel laufende Versuchsreihen an. Eine Gruppe soll im Labor Nr. 7 unter seiner Leitung einen Sprachzerstückeler, den sogenannten Klipper, entwickeln; zu ihr gehören vor allem die Ingenieure Bobynin, Dyrssin, Mamurin, Chorobrow, Bulatow, Potapow und Markuschew. Die andere steht unter der Leitung seines Stellvertreters Roitman und entwickelt im akustischen Labor einen künstlichen Sprechapparat, den sogenannten Wokoder. Zu ihr gehören vor allem die mehr als alle anderen Stimmen ausgearbeiteten Nershin und Rubin, ferner Prjantschikow und Doronin. Diese Wissenschaftler geben zusammen einen recht repräsentativen Querschnitt der Intelligenz unter Stalin. Alle haben schon vorher in der tiefsten Hölle der Konzentrationslager gelebt. Der Hochfrequenzingenieur Potapow zum Beispiel hatte ein in der Fachliteratur veröffentlichtes Schaltsystem in deutscher Kriegsgefangenschaft aus dem Kopf aufgezeichnet, sich aber geweigert, einen Staudamm für die Deutschen wiederaufzubauen; Markuschew hatte sich in ähnlicher Situation nicht geweigert – beide waren zu zehn Jahren verurteilt worden. Doronin wollte studieren, aber man ließ ihn nicht; also fälschte er seine Papiere. Rubin wurde als Major im Spionagedienst wegen einer Kleinigkeit verhaftet, trotzdem blieb er überzeugter Kommunist und Verteidiger der leninistischen Ideologie[45]. Durch den ganzen Roman führt er deshalb Diskussionen mit dem Mathematiker Nershin, der deutlich autobiographische Züge trägt. Aber nicht nur diese beiden diskutieren ständig, sondern auch alle anderen. Vor allem natürlich über den Marxismus, aber auch über Religion, über Kunst, selbst über Goethes *Faust;* gearbeitet wird dagegen so wenig wie möglich. Der Gegenpol zu den Intellektuellen ist der ehemalige Bauer und Glasbläser Jegorow, der jetzt Hofarbeiter ist und seinen Aufenthalt in der *Scharaschka* seiner fast völligen Blindheit verdankt. Seine Geschichte ist die längste von allen; man findet in ihm eine dem Iwan Denissowitsch oder der Matrjona verwandte Gestalt. Er ist gleichzeitig stark und geschlagen, kann ungeheure Schicksalsschläge erdulden, ohne zu zweifeln, immer das Richtige getan zu haben, gleichgültig auf welcher Seite er stand, auf der der Weißen oder der Roten, der Gefangenen oder der Aufsichtspersonen. Wer hat recht und wer nicht? Jegorow allein weiß es: „Der Schäferhund hat recht, der Menschenfresser nicht" (S. 530). Welches Beispiel man auch anführt, alle Gefangenen haben eines gemeinsam: keiner hat sich gegen etwas anderes vergangen als das System; keiner ist menschlich oder moralisch schuldig. Alle sind liebenswerte und wertvolle Menschen – und deshalb sind sie eingesperrt. Dies deutet wieder auf die verkehrte Welt, auf das Absurde unter Stalin.

Heißt das nun umgekehrt, daß alle Nichtgefangenen eigentlich ins Gefängnis gehörten? Für die meisten scheint das zuzutreffen, Solschenizyn vermeidet aber jede Schwarz-Weiß-Zeichnung durch die weder eindeutig schwarz noch weiß gesehenen Frauengestalten, die das Bild vom stalinistischen Rußland vervollständigen. Die freien Frauen stellen etwas süßliche Stimmen im polyphonen Roman dar: Die freie Mitarbeiterin Serafima verliebt sich in Nershin, nachdem sie das Klischeehafte der Parteidoktrin durchschaut hat, nach der alle Gefangenen Volksfeinde sind. Ebenso geht es selbst der Tochter des Staatsanwaltes Makarygin, die sich in den Ingenieur Doronin verliebt; auch sie sieht den Menschen und nicht die Doktrin.

Anders die meisten freien Männer des Romans. Solschenizyn sagt deutlich, daß die Gefangenen absurderweise nichts zu befürchten haben, weil man ihnen ja bereits alles außer dem Leben genommen habe, und das brauche der Staat (S. 114). Die Nichtgefangenen leben dagegen in ständiger Furcht. Der Schriftsteller davor, daß er gegen die Zensur verstößt; Jakonow, daß man ihn wieder einsperrt, wenn er versagt; sein Stellvertreter Roitman, daß man ihn als Juden verfolgt; die Sicherheitsoffiziere Schikin und Myschin müssen aus Furcht ihre Vorgesetzten belügen und ihr Leben in endlosen Denunziationen begraben; Oskolupow, der Leiter der *Scharaschka*, fürchtet sich vor dem stellvertretenden Minister Sewastjanow, der wieder vor dem Minister Abakumow und Abakumow schließlich vor Stalin. Und Stalin selber? Er wird von Solschenizyn als siebzigjähriger, kranker, durch und durch mißtrauischer Mann gezeichnet, die Verkörperung all der Furcht, die er selber säte. Er ist weniger grausam als verachtungswürdig in seiner Selbstbeweihräucherung und seinem Größenwahn. In einer Art innerem Monolog enthüllt er seine verborgenen Gedanken und macht sich dabei lächerlich. Bei dem schon oft gezogenen Vergleich mit Tolstois Napoleon wird deutlich, daß Solschenizyn nicht wie Tolstoi die historische Figur verändert, sondern sie so wahrheitsgetreu wie möglich darstellt[46]. Es zeigt sich demnach, daß außer manchen Frauen alle Nichtgefangenen, selbst Stalin, von Furcht beherrscht sind und zu Verlogenheit, Dummheit oder Banalität gezwungen werden – sie sind die eigentlichen Gefangenen, und die Freien, Furchtlosen sitzen im Gefängnis. Solschenizyn zeigt diese verkehrte Welt bis in die Details hinein, in die für ihn so charakteristischen kleinen Bausteine, die auch in diesem Roman die vielen Figuren oder die grausame Maschine der Untersuchungsgefängnisse erst lebendig erstehen lassen.

So sind die danteschen Vorstellungen von Hölle und Paradies hier modifiziert: Das ganze kommunistische „Paradies" unter Stalin ist eine wahre Hölle, in der die Verdammten, die moralisch und menschlich Wertlosen und Verdummten frei leben. Die Intelligenten und Wertvollen dagegen leben an höllischen Orten, den Konzentrationslagern, über die Solschenizyn hier noch schweigt. Nur ein paar von ihnen leben in der beinahe paradiesischen, weil jeder Angst enthobenen Vorhölle der *Scharaschkas*.

Den Abschluß des Romans bildet ein Seitenmotiv: Die Russen ahnen vielleicht, wie viele von ihnen in Lagern verschwinden, der Westen wird erfolgreich genasführt. Einer Vertreterin der Vereinten Nationen werden im Gefängnis potjemkinsche Dörfer vorgeführt, und ein französischer Journalist notiert sich überrascht, wie ausgezeichnet die Fleischversorgung Moskaus sei, denn man sehe überall Autos mit der Aufschrift *Fleisch* in vier Sprachen – nur daß in ihnen kein Fleisch transportiert wird, sondern Gefangene, wie Nershin, der sich geweigert hat, an einem Versuch mitzuarbeiten und deshalb auf dem Weg in ein Höllenlager ist.

Krebsstation
Nicht ganz so lang und komplex, aber nach der gleichen polyphon-vertikalen Technik inklusive des abschließenden Nebenmotivs ist der zweite große Roman Solschenizyns konstruiert, die *Krebsstation*. Solschenizyn begann ihn 1963, schloß 1966 den ersten und 1967 den zweiten Teil ab. Die räumliche Begrenzung tut bereits der Titel kund, es ist die Station 13 für Krebskranke in einem Krankenhaus irgendwo in Rußland. Zeitlich begrenzt Solschenizyn den ersten Teil auf die erste Februarwoche, den zweiten auf die erste Märzhälfte des Jahres 1955. Wieder stellt er Personen dar, die zauberbergartig aus ihrer gewohnten Umgebung herausgerissen und in eine neue gestellt worden sind, die der Krebsstation. Da Solschenizyn selber einige Zeit in einem solchen Krankenhaus verbrachte, fließt Autobiographisches in die Handlung ein, das aber nicht wie im *Ersten Kreis* auf eine Person beschränkt, sondern auf mehrere verteilt ist, sogar auf eine so zwielichtige wie Rusanow. Getreu dem Prinzip der Polyphonie gibt es keine Hauptperson, sondern mehrere Einzelschicksale, die meist durch Rückblenden zu längeren oder kürzeren Erzählungen erweitert, aber alle durch denselben Generalbaß kontrapunktisch verknüpft werden, den Krebs.
Eines dieser Einzelschicksale nahm Solschenizyn vermutlich aus dem Gesamtplan des Romans heraus und veröffentlichte es 1964 als separate Kurzgeschichte: *Die rechte Hand*. Die einstmals säbelschwingende Hand des Veteranen Bobrow ist durch Krankheit verkrüppelt, sein Körper aufgedunsen und sein Lebenswille fast erloschen. Die ruhmreiche Vergangenheit hilft ihm in der Gegenwart wenig, denn die Schwester an der Pforte des Krankenhauses läßt ihn nicht ein, weil zu dieser Tageszeit keine Patienten aufgenommen werden; so wartet er auf einer Bank den nächsten Morgen ab. Eine ähnliche Beschreibung einer Aufnahme im Krankenhaus findet sich in der *Krebsstation*.
Hatte die *Scharaschka* im *Ersten Kreis* etwas Unnatür-

liches, Ungerechtes an sich, das in der Zukunft unter einem weniger diktatorischen Führer überwunden werden könnte, so ist die Krebsstation viel zwingender, denn vor dem Tode bewahrt keine Amnestie, kein Sonderlager. In dieser Station sammelt Solschenizyn mehr als im *Ersten Kreis* Vertreter aller Teile des russischen Volkes, Junge und Alte, Arme und Reiche, Stalinisten und Antistalinisten, Gebildete und Ungebildete, Männer und Frauen, Städter und Bauern usw. Schon diese erste Beobachtung macht deutlich, daß sich die Personen innerhalb der polyphonen Struktur meist polar gegenüberstehen. So gibt es in der Station die Bestrahlungsabteilung mit den Ärztinnen Donzowa und Hangart und die Chirurgische Abteilung mit den Doktoren Leonidowitsch und Ustinowa. Den Methoden der Schulmedizin wird die Naturheilkunde mit Birkenpilzen und Eisenhuttinktur gegenübergestellt, den modernen Fachärzten der alte Hausarzt Oreschtschenkow, der immer den ganzen Menschen zu heilen suchte, nicht nur eine Geschwulst. Natürlich stehen die Kranken den Ärzten und Schwestern gegenüber, dann aber auch die Heilbaren den Unheilbaren. Alle Personen sind jedoch darüber hinaus vielfältig, jede ist eine Stimme für sich:
Der sechzehnjährige Djomba, dem schließlich ein Bein amputiert werden muß; der Kolchosenwächter Mursalinow aus Usbekistan; ein Hirte aus Kasachstan mit Lippenkrebs; der an Magenkrebs sterbende Asowkin; Jefrem Poddujew mit unheilbarem Kehlkopfkrebs; der junge Geologe Wadim, der im Wettlauf mit dem Tod seine wissenschaftliche These untermauern möchte; der gelehrte Schulubin; der Schieber Tschalyj; die an Brustkrebs leidende siebzehnjährige Asja. Am profiliertesten sind zwei Gegenstimmen, Kostoglotow und Rusanow. Rusanow ist ein Parteifunktionär, der anfangs glaubt, seine privilegierte Position in die Krebsstation übertragen zu können. Angesichts des Todes wird er jedoch eines Besseren belehrt; er verliert seine Arroganz, nicht aber seine Engstirnigkeit und Kälte. Im Grunde bleibt er ein

kleinbürgerlicher Materialist, der nach wie vor alle moralischen Prinzipien der stalinistischen Parteimaschinerie unterstellt. Dies zeigt sich bei seiner Angst vor einem Bekannten, den er vor Jahren denunziert hatte und der ihm jetzt, inzwischen aus der Haft entlassen, schaden könnte – wie sehr er an ihm schuldig geworden ist, das bedenkt Rusanow nie. Er verläßt das Krankenhaus und die Nähe des Todes als der gleiche Bürokrat, als der er eingeliefert worden war. Menschlichen Kontakt hatte er bezeichnenderweise nur mit dem Schieber Tschalyj.
Kostoglotow dagegen litt unter der stalinistischen Bürokratie, wurde im ersten Studienjahr eingezogen, als „Politischer" verurteilt und dann in ein kleines Nest in Kasachstan verbannt. Ebenfalls autobiographisch ist seine Krankheit: Magenkrebs. Kostoglotow hat die menschliche Wärme, die Rusanow fehlt; er ist weitherzig, sympathisch, rauhbeinig und naturverbunden. Nicht nur die Schwester Soja, sondern auch die Ärztin Dr. Hangart verliebt sich in ihn. Nach seiner Heilung, die sich allerdings auf Kosten seiner Männlichkeit vollzog, denn er mußte Hormonspritzen erhalten, kehrt er voll innerer Stärke an seinen Verbannungsort in Kasachstan zurück, ohne die Möglichkeit einer Verbindung mit Wera Hangart.
Im Vergleich zu dem Thema Krebsstation ist das Gegenthema, die Außenwelt, für die Kranken beinahe bedeutungslos, nichtig. Nur Rusanow ist fassungslos über das nachstalinistische Tauwetter. Die anderen wissen, daß sie ein weit mächtigeres Gegenüber haben, den Tod. Und wie es Solschenizyn selber vor dem Moskauer Schriftstellerverband betont hat, ist der Kampf des Lebens mit dem Tod das Hauptthema des Romans[47]. In diesem Kampf stellt sich die Frage eigentlich aller Romane, die nach dem Sinn des Lebens. Immer wieder beschäftigt sie die Kranken und Gesunden des Romans; kaum einer kann ihr ausweichen, auch wenn sie niemand beantworten kann. Dem sterbenden Jefrem, dem ehemaligen Schürzenjäger, stellt sie sich mit besonderer

Dringlichkeit. Er liest eine fabelartige Kurzgeschichte Tolstois mit dem Titel *Wovon die Menschen leben:* Ein reicher, kerngesunder Mann bestellt sich ein Paar Maßschuhe bei einem armen Schuster und stirbt, noch bevor er sie anprobieren kann. Hätte er anders gelebt, wenn er von seinem nahen Tode gewußt hätte? Jefrem zwingt die anderen im Schlafsaal beinahe dazu, ihm die Frage, wovon die Menschen leben, zu beantworten. Nur der mit Scheuklappen behaftete Rusanow weiß es sofort: Von der Ideologie natürlich, von gesellschaftlichen Interessen! Tolstoi hatte aber geschrieben, von der Liebe, was Rusanow natürlich nicht gelten läßt. Warum Tolstoi lesen? Lenin, Stalin oder Gorki haben sich viel überzeugender geäußert und ein für allemal das Nötige gesagt, meint er. Wie so oft unterbricht ihn der lebensklügere Kostoglotow: „...*ein und für allemal* kann überhaupt niemand auf der Erde etwas sagen. Weil das Leben dann stillstände" (I, S. 126). Gewiß versteckt sich der Mensch oft hinter Klischees, hinter Idolen, wie der kluge Schulubin aus Bacon zitiert. Deshalb tritt er für einen sittlichen Sozialismus ein: „Nicht nach Glück sollen die Menschen streben... sondern nach gegenseitiger Sympathie. Glücklich ist auch das Tier, das seine Beute frißt, aber Sympathie können nur die Menschen einander entgegenbringen" (II, S. 139). Dies erinnert sehr an das 18. Jahrhundert und kann wie alle anderen Antworten die große Frage auch nicht ganz beantworten. Umfassender ist das Bild, das Solschenizyn dem alten Hausarzt in den Mund legt: „In solchen Augenblicken schien ihm der Sinn des Daseins... nicht in dem zu liegen, womit sie sich hauptsächlich beschäftigen, wofür sie sich interessieren und wodurch sie berühmt werden, sondern nur darin, ob es ihnen gelänge, ungetrübt, unerschüttert und unentstellt das Bild der Ewigkeit in sich zu bewahren, das jedem mitgegeben ist. Wie das Bild des Mondes in einem ruhevollen Teich" (II, S. 126).

Der Roman endet jedoch mit einem Bild des Bösen. Kostoglotow sieht nach seiner Entlassung im Zoo den

leeren Käfig eines Rhesusaffen, der erblindet war, weil ihm ein Mann Tabak in die Augen geworfen hatte – ohne jeden Grund.
Von der sowjetischen Kritik wird diese kleine Episode oft als Einstieg für eine recht oberflächliche allegorische Interpretation benutzt: Der tabakwerfende Mann ist Stalin, die Krebsstation ist Rußland, der Krebs das stalinistische Übel; die Ärzte und Schwestern sind die Kommissare und Funktionäre, der alte Hausarzt ist Lenin. Diese Interpretation bietet sich an, erweist sich aber bei näherer Überprüfung, besonders im Angesicht des Todes, als zu oberflächlich Solschenizyn mußte sich jedoch mit ihr auseinandersetzen[48]. Dies und auch die Frage, inwieweit er wieder gegen den Sozialistischen Realismus verstoßen hatte, war im Grunde ein Scheingefecht, denn man wollte sich seiner entledigen und benutzte dazu die *Krebsstation* als Vorwand. Fedin, der Vorsitzende des Sowjetischen Schriftstellerverbandes, hatte längst an höchster Stelle das Druckverbot erwirkt, und das für den bis heute vielleicht besten Roman Solschenizyns!

Die Weitung zur Großform

Der Archipel Gulag – Die Chronik des Grauens

Solschenizyn hat häufig betont, daß er sich als Chronist der Leiden unzähliger Menschen in den Konzentrationslagern fühle. In den bisher erwähnten Werken hatte er Einzelschicksale herausgegriffen und dabei den dokumentarischen Hintergrund des Lagerlebens künstlerisch überhöht oder mit Rücksicht auf eine eventuelle Zensur verschwiegen. In seinem *Archipel Gulag* hat er zum erstenmal ohne Rücksicht auf die Zensur den historisch-dokumentarischen Hintergrund auf Kosten der Einzelschicksale in großer Breite hervortreten lassen. Deshalb ist diese Variation des Themas Lager auch strukturell anders; das Werk schließt sich nicht um eine Person zur Novelle oder zum mehrschichtigen polyphonen Roman mit Betonung der Vertikalen, sondern zum breit angelegten Bericht mit stärkerer Betonung der Horizontalen. Bei dieser Beobachtung ist jedoch Vorsicht geboten, da das Werk bis jetzt noch unvollendet ist; in seiner Gesamtheit könnte es durchaus Charakteristiken offenbaren, die die ersten beiden Bände noch nicht erkennen lassen. In deutscher Sprache sind bis jetzt zwei Bände mit je zwei Teilen erschienen; das Gesamtwerk soll aus drei Bänden mit zusammen sieben Teilen bestehen und Ende 1975 vorliegen.

Solschenizyn gab seinem Werk den Untertitel *Versuch einer künstlerischen Bewältigung*. Schon aus den beiden ersten Bänden wird deutlich, daß die Auswahl die erste künstlerische Leistung darstellt. Selbst wenn die drei Bände zehnmal so umfangreich wären, könnten sie doch die Geschichte der sowjetischen Lager von 1918 bis 1956 nicht vollständig dokumentieren, dazu gab und gibt es zu viele. GULag ist eine Abkürzung des russischen Wortes für Hauptverwaltung der Lager, die größer als das Parlament manchen Landes ist und eine unvorstellbar große Zahl von Lagern betreut – der Lagerkomplex in Kasachstan, in dem Solschenizyn die letzten Jahre seiner Haft verbrachte, hat ungefähr die Größe Frankreichs und ist nicht etwa der einzige. Solschenizyn fand die statistische Angabe, daß zwischen 1918 und 1959 etwa 66 Millionen durch diese Lager geschleust wurden, wobei etwa 20 Millionen umkamen. Aber er ist weder der erste noch der einzige, dem dieses Tatsachenmaterial bekannt wurde, sei es aus Statistiken, sei es aus persönlichen Erfahrungen. Es gibt eine große Fülle von Material von entlassenen Häftlingen, die ihre Erlebnisse in der Emigration veröffentlichten oder als *Samisdat* in Rußland erscheinen ließen[49]. Keines dieser Bücher erreichte jedoch eine auch nur entfernt mit dem *Archipel Gulag* vergleichbare Auflagenziffer und damit Breitenwirkung. Gewiß liegt das zum Teil daran, daß Solschenizyns Auseinandersetzung mit dem Regime bereits vor dem Erscheinen des *Archipels Gulag* bekannt war, daß seine früheren Werke reißenden Absatz gefunden hatten und ihn zum Erfolgsautor gemacht hatten, daß, wie erwähnt, dieser Lagerbericht ein Menschenleben gekostet hatte und zum letzten Anstoß für die Ausweisung des Autors geworden war; mancher westliche Leser erwartete deshalb sensationelle politische oder historische Enthüllungen. Vielleicht in der Hoffnung, daß einzelne Exemplare der in Paris erschienenen Ausgabe in den Osten gelangen würden, setzte Solschenizyn seiner wachsenden Popularität nichts entgegen, denn wie auch der Russe Roy Medwedjew, Historiker und Zwillingsbruder des erwähnten Schores Medwedjew, festgestellt hat[50], ist der heutigen russischen Bevölkerung höchstens ein Zehntel der im *Archipel Gulag* erwähnten Tatsachen bekannt. Solschenizyn verarbeitete eine gigantische Fülle von historischem Material, Gerichtsakten, Protokollen, nicht veröffentlichten

Statistiken und vor allem Aussagen von über 200 Häftlingen oder deren Angehörigen, schließlich natürlich auch seine eigenen Erfahrungen in diversen Lagern. „In diesem Buch gibt es weder erfundene Personen noch erfundene Ereignisse", heißt dementsprechend der erste Satz des Vorwortes. Selbst aus seinem eigenen Material mußte Solschenizyn auswählen, damit das Werk nicht ins Uferlose geriet. Wieder unter der Einschränkung, daß es noch nicht vollständig veröffentlicht ist, kann festgestellt werden, daß er zwei Auswahlprinzipien befolgt zu haben scheint. Einmal betont er, was andere Dokumente vernachlässigten, und vernachlässigt, was diese betonten, vor allem historisch-wissenschaftliche Untersuchungen. Ihm scheint es mehr um die Dokumentation von so vielen repräsentativen Einzelschicksalen wie möglich zu gehen, und davon wird das Gesamtwerk vermutlich mehr enthalten als jeder andere Lagerbericht.

Sein zweites Auswahlprinzip scheint die These zu sein, daß der Terror der Lager nicht ein Ergebnis der Brutalität Stalins war, sondern bereits auf Lenin zurückgeht, und damit auf den Ursprung des sowjetischen Kommunismus. Die Anfänge des Archipels der Konzentrationslager liegen bereits in den Prozessen gegen die Menschewiki und andere Gegner Lenins. Auch nahmen die Grausamkeiten der Verfolgungen nach dem Bürgerkrieg nicht etwa ab, sondern im Gegenteil zu, gemäß dem von Solschenizyn zitierten Ausspruch Lenins: „Der Terror ist ein Mittel der Überzeugung" (S. 337). So setzt Solschenizyn in den beiden ersten Teilen den Schwerpunkt auf den Ursprung der Terrorherrschaft unter Lenin.

Dies wiederum bestimmt die Auswahl der Opfer dieser Terrorherrschaft. Solschenizyn interessieren nicht so sehr zum Beispiel die großen Schauprozesse, die verlogenen Selbstbezichtigungen gestürzter Parteibonzen, sondern vor allem die über 60 Millionen namenloser Russen, Gebildete und Ungebildete, Reiche und Arme, die in die Lager verschleppt wurden und oft nicht zurückkehrten.

Dieser Schwerpunkt auf dem Heer von unbekannten Opfern, dem „Ungeziefer", wie Lenin gesagt hatte, bestimmt den Aufbau der beiden ersten Teile. Solschenizyn erwähnt die drei großen Verhaftungswellen, die erste gegen Ende der zwanziger Jahre, die sich besonders gegen die Gegner der Zwangskollektivierung und die Intellektuellen richtete (Kulaken und Industriepartei), die zweite nach dem Amtsantritt Stalins, der vor allem viele alte Bolschewisten zum Opfer fielen, und die dritte nach dem Zweiten Weltkrieg gegen die aus deutscher Kriegsgefangenschaft Zurückgekehrten, die nur deshalb verhaftet wurden, weil sie mit Deutschen in Kontakt gekommen waren. Diese drei Wellen allein bestimmen noch nicht den Aufbau der beiden ersten Teile mit den Überschriften *Die Gefängnisindustrie* und *Ewige Bewegung*. Innerhalb dieser Teile springt Solschenizyn gern chronologisch vor und zurück. Der erste Teil beschreibt die Zwischenstation zwischen der allen sichtbaren Welt des täglichen Lebens und der unsichtbaren Welt der Lager: den Aufenthalt in den verschiedenen Gefängnissen. Es beginnt mit der Verhaftung, deren Grund man meist überhaupt nicht erfährt. Verhaftet wird nicht etwa nur von der Polizei, es kann vielmehr jeder sein, mit dem man im täglichen Leben zusammenkommt und der dann plötzlich den Polizeiausweis hervorzieht. Dies ruft unter der Bevölkerung Angst hervor – warum nicht aber auch Widerstand? Dies ist eine der vielen unbeantworteten Fragen des *Archipels Gulag*, die nicht wissenschaftlich untersucht, sondern nur künstlerisch dargestellt werden konnten.

Im Gefängnis wird der Gefangene physisch und psychisch zerbrochen; man nennt das Vernehmung, sollte aber besser Folter sagen. Das dritte Kapitel des ersten Teils berichtet von einer Unzahl von meist unvorstellbaren Folterungsmethoden, das vierte von den fast entmenschlichten Folterern. Darstellungen von Einzelschicksalen wechseln ab mit solchen ganzer Wellen von eingelieferten Gefangenen. Daraus wird deutlich, daß Lenin nie-

mals beabsichtigte, einen Rechtsstaat aufzubauen, sondern Gesetze nur deshalb erließ, damit er mit ihnen seine Gegner vernichten und seine Macht festigen konnte; Stalin übernahm und vervollkommnete das.
Der zweite Teil beinhaltet den unmenschlichen Transport der Verurteilten in die Lager. Wie im ersten Teil wechseln Darstellungen von Einzelschicksalen mit solchen von Massenmartyrien ab; auch hier ist wieder viel Autobiographisches eingestreut.
Der zweite Band setzt diese Darstellungsweise fort. In den beiden Teilen *Arbeit und Ausrottung* und *Seele und Stacheldraht* wird geschildert, wie die Gefangenen auf den Inseln des Archipels landen, und dargestellt, daß es wieder Lenin war, der den Anfang mit dem ersten Konzentrationslager auf den Solowezki-Inseln in der Arktis machte, bis Stalin dann den Plan faßte, ganz Rußland mit dieser billigen und unerschöpflichen Sklavenarbeit zu industrialisieren. Mit den primitivsten Werkzeugen und Geräten wurden ganze Städte, Kanäle, Eisenbahnlinien, Straßen und Industriezentren gebaut, die natürlich den Anforderungen moderner Zeiten nicht genügten. Als Beispiel hebt Solschenizyn den heute deshalb fast unbenutzbaren Weißmeerkanal (früher Stalinkanal) hervor, bei dessen Bau einst eine Viertelmillion Häftlinge umkam. Erschütternd ist das Schicksal der unter Stalin wegen kleiner Diebstähle ebenfalls verhafteten Kinder und das der Frauen, ganz zu schweigen von Krankheiten oder Massenerschießungen, wenn die Arbeitsnormen nicht erfüllt wurden. Wieder spricht das Detail bei Solschenizyn am deutlichsten: Wenn dem Pritschennachbarn am Morgen die Läuse über das Gesicht laufen, weiß man, daß er in der Nacht gestorben ist.
In allen bisher erschienenen Teilen ist auffällig, daß Solschenizyns Stil ständig wechselt; die autobiographische Ich-Form wechselt mit der sachlicheren Er-Form der dokumentarischen Abschnitte ab, Dialoge mit Berichten. Noch auffälliger ist seine stark rhetorisch gefärbte Aus-

drucksweise; der Leser wird zum Beispiel mit „Du" angeredet. Mal zeigt sich der Autor überwältigt von Trauer, mal ist er ironisch, mal zynisch, dann wieder beißend sarkastisch, dann distanzierter und ruhiger. Dies gibt dem Werk bisweilen eine leider recht journalistische Note. Vielleicht liegt die dem deutschsprachigen Leser bei Solschenizyn sonst unbekannte Ausdrucksweise zum Teil an der Übersetzung. Diese ist durchweg glatt, benutzt aber oft veraltete oder süddeutsche Ausdrücke, wie *geschwind, in der Früh, trunken, heuer, nächstens,* oder *Lenze* statt *Jahre, so* statt *wenn, ward* statt *wurde.* Trotzdem ist das Rhetorische kaum der Übersetzung anzulasten. Dieser wechselnde Stil ist eine bewußte Abkehr von einer wissenschaftlich-historischen Dokumentation. Ob der *Archipel Gulag* aber auch deshalb eine „künstlerische Bewältigung" genannt werden kann, bleibt zweifelhaft, denn das Rhetorische ist zu sehr auf das Äußere beschränkt. Eine Figur wie Matrjona oder Jegorow ist dagegen eine echtere künstlerische Bewältigung russischer Geschichte. Statt dessen scheint die Vergangenheitsbewältigung hier wie auch in früheren Werken eine ethische zu sein. Nachdem Solschenizyn aufgezeigt hat, was wahr ist und was nicht, stellt er sofort die Frage nach Gut und Böse. Was war gut bei all den Grausamkeiten? Warum wurden sie verschärft, als die Bolschewisten die Macht schon fest in der Hand hatten? Warum wird denunziert? Warum geben sich Menschen dazu her, „Blaue Litzen", das heißt Vollzugsorgane in Gefängnissen und Lagern, zu werden? Was ist gut an dem Paragraphen 58 mit seinen 14 Artikeln, nach dem man praktisch jeden Menschen verurteilen kann, gleichgültig, ob er schuldig ist oder nicht? Warum existiert die Folter in den Gefängnissen, wenn es doch gar nicht um die Wahrheit geht? Warum gibt es Ankläger und Richter? Alles dies ist nur sinnvoll zur Erhaltung der Macht, und diese Macht versteht sich als fraglos gut und korrumpiert oder vernichtet damit jede Moral. „Um Böses zu tun, muß der Mensch es zu allererst als Gutes begreifen oder als bewußte gesetzmäßige Tat. So ist, zum Glück, die Natur des Menschen beschaffen, daß er für seine Handlungen eine *Rechtfertigung* suchen muß" (S. 172). Und diese Rechtfertigung des Bösen vollzieht sich in den Lagern durch die Ideologie. Die gleiche Funktion hatte für die Inquisition das Christentum, für die Eroberer die Heimat, für die Nationalsozialisten die Rasse und für die Jakobiner die Gleichheit. Nach der Ideologie wäre es gut, Häftlinge den Tieren im Zoo zum Fraß vorzuwerfen: Häftlinge sterben ja doch, den Werktätigen enthielte man so keine Nahrung vor, und die Tiere hätten etwas zu fressen! Solschenizyn ergänzt diese Gedanken durch eine weitere Beobachtung. Niemals hat sich in der russischen Geschichte ein Sieg für das ganze Land zum Guten ausgewirkt; immer folgten auf Siege schwere innere Rückschläge. Hinter den Siegen stand wohl meistens eine Ideologie, nicht aber das Menschliche, Gute. Natürlich erstarkt jede Ideologie nach einem Sieg – und Stalin gewann! –, wodurch das Gefühl für Gut und Böse verkümmert. Solschenizyns moralische Bewältigung der stalinistischen Konzentrationslager liegt demnach in der These, daß Siege Ideologien festigen, die wiederum alles Böse rechtfertigen.

Wenn man auch an die anderen Werke Solschenizyns denkt, heißt das jedoch nicht, daß jede Ideologie automatisch das Böse hervorruft – sie kann das Böse rechtfertigen, aber nicht schaffen. Das Böse wie auch das Gute entsteht im Werk Solschenizyns immer wieder neu in jedem Einzelmenschen, in jeder Situation.

August Vierzehn – Geschichte und Mythos

„Wie sich unsere Geschichte abgespielt hat und was sie war, versuche ich in meinen Büchern zu klären", sagt Solschenizyn in seinem *Offenen Brief* (S. 7). Dies klingt nur dann anspruchsvoll, wenn man vergißt, worum es ihm in fast allen seinen Werken geht: um die Bloßstellung der Lüge und um die Suche nach Wahrheit. „Nicht mit uns hat die Unwahrheit begonnen, nicht mit uns wird sie enden", lautet darum auch das Fazit von *August Vierzehn*, dem Werk, mit dem er Unwahrheiten in der russischen politischen Geschichte der vorrevolutionären Periode des Ersten Weltkrieges enthüllt. Zum erstenmal wendet er sich damit der Welt zu Beginn dieses Jahrhunderts zu.

Schon 1936, als Schüler, habe er angefangen, Material über diese Periode zu sammeln, schreibt Solschenizyn in dem Nachwort zur russischen Ausgabe; andere wichtigere Ereignisse hätten dann den Plan wieder in den Hintergrund treten lassen. Jetzt wende er sich ihm erneut zu, in der Hoffnung, ihn noch ganz verwirklichen zu können, denn er gebe ihm Arbeit für zwanzig Jahre. In der unwahrscheinlich kurzen Zeit von nur einem Jahr (1969/70) schrieb er die über 700 Seiten des ersten Teiles, dem er den Titel *August Vierzehn* gab (der deutsche Titel *August Neunzehnhundertvierzehn* ist der einer nicht autorisierten Ausgabe). Die noch unveröffentlichten Teile sollen die Titel *Oktober Sechzehn* – geplantes Erscheinungsdatum ist Ende 1976 – *März Siebzehn* und *April Siebzehn* tragen, und damit bis an die Revolution heranführen. Diese vier Bände sollen später unter dem Titel *Revolution* zusammengefaßt werden und den ersten Teil eines gigantischen Zyklus bilden, über dessen Ausmaße Solschenizyn noch nichts Genaueres gesagt hat, außer daß dieser Riesenplan ihn zu pausenloser, konzentrierter Arbeit zwinge.

Im August 1914 marschierte der kommandierende General der 1. russischen Armee, von Rennenkampf, in Ostpreußen ein, um es von Norden her in die Zange zu nehmen. General Alexander Samsonow, Oberbefehlshaber der 2. Armee, sollte das gleiche von Süden her tun, worauf beide zusammen in Richtung Berlin marschieren sollten. Von Rennenkampf tat wie befohlen, aber Samsonow, der gerade erst von einem Rekonvaleszentenurlaub in diese Position abkommandiert worden war, mußte erst die Pläne studieren, seine Offiziere kennenlernen usw.; wegen zahlreicher Intrigen aus früheren Jahren war er zudem nicht imstande, mit von Rennenkampf sowie mit dem Oberbefehlshaber der gesamten Nordwestfront, General Shilinskij, effektiv zusammenzuarbeiten. Er blieb deshalb zeitlich hinter dem Aufmarschplan zurück; Shilinskij konnte die beiden Armeen auch nicht koordinieren, weshalb sie in irrsinniger Marschordnung, in der Form von Fingern einer gespreizten Hand, nach Westen marschierten. Samsonow, vom ersten Tag an zur Eile gezwungen, war zudem nicht genügend ausgerüstet, seine Soldaten schwitzten in schweren Wintermänteln, litten Hunger und Durst und waren von Gewaltmärschen erschöpft, noch bevor die erste Schlacht begonnen hatte, bei der es dann auch noch an Munition fehlte. Die gesamte russische Stabsführung erwies sich als zu unfähig, überaltet und rückständig, um die Stärke der russischen Armee, das ungeheuer große Menschenpotential, richtig einzusetzen. Die erschöpften Soldaten Samsonows wurden deshalb sinnlos hin- und hergeschickt, bis sie endlich an die masurischen Seen kamen. Die Deutschen waren überdies über jede Einzelheit ihres Aufmarsches orientiert, denn die russischen Generäle hielten es nicht für nötig oder waren nicht imstande, ihre Telefonmeldungen zu verschlüsseln. So wurde die 2. russische Armee von der 8. deutschen Armee unter Ludendorff und Hindenburg umzingelt und in der Schlacht bei Tannenberg vom 26. bis 29. August vernichtet. Samsonow beging am 30. August Selbstmord.

Es besteht kein Zweifel, daß Solschenizyn die historischen Quellen gründlich studiert hat; besonders stützt er sich wohl auf das Werk des Russen Nicholas Golowin, von dem er die Hochschätzung der deutschen Heeresführung und auch die Ansicht übernahm, daß die Tannenbergschlacht für Rußland bereits der Anfang vom Ende war, obwohl das russische Heer erst 1915 wirklich geschlagen wurde[51]. Soweit man dies nach dem ersten Band schon sagen kann, folgt Solschenizyn nicht der offiziellen sowjetischen Interpretation der historischen Ereignisse dieser Jahre, nach der die russische Niederlage eine unvermeidliche und notwendige Vorbereitung für die Oktoberrevolution ist. Er sieht den Untergang des Zarentums dagegen mehr in der Dummheit, der Arroganz und dem Strebertum einiger Generäle begründet, die austauschbar gewesen wären, wodurch die Notwendigkeit des Umsturzes in Frage gestellt wird.

Die Darstellung der Schwächen im russischen Generalstab scheint selbst der sowjetischen Führung zu negativ gewesen zu sein, weshalb sie Ende 1972 das denselben Zeitraum umfassende historische Werk ausgerechnet der Amerikanerin Barbara Tuchman, *Guns of August* (1962), als historisch exaktere Gegendarstellung zu Solschenizyn ins Russische übersetzen ließ! Dort wird zwar die russische Generalität auch nicht viel positiver dargestellt, die deutsche aber viel negativer. In den folgenden Bänden wird Solschenizyn sich wieder gegen die sowjetische Geschichtsauffassung wenden und darstellen, daß die Oktoberrevolution gar nicht das zaristische Rußland, sondern die im Februar 1917 gegründete Regierung Kerenskij ablöste[16].

Die historisch mehr oder weniger sicheren Tatsachen machen jedoch kaum die Hälfte von *August Vierzehn* aus; die andere Hälfte zeigt, was fast alle Geschichtsbücher verschweigen. Wer zum Beispiel waren die 92 000 Gefangenen? Waren es Berufssoldaten, Eingezogene, Freiwillige, Verwundete, Südrussen, Ukrainer, Verheiratete, Studenten, Bauern? Hier weitet sich Solschenizyns Werk von der Geschichtsschreibung zum Roman. Selbstverständlich kann er dabei wie in seinen früheren Werken nicht vollständig sein, aber er kann wieder repräsentative Einzelschicksale ausmalen, ein Mosaik aus Details zusammensetzen. Den Stil einer objektiven Geschichtsschreibung muß er dazu natürlich öfters aufgeben.

Die ersten neun Kapitel führen nach Südrußland, die Heimat Solschenizyns. Beinahe im Stil der Romanciers des 19. Jahrhunderts zeichnet er ein Bild der „guten alten

Zeit" mit der liebenswerten und gleichzeitig dekadenten Familie Tomtschak, dem vermutlich dem eigenen Vater nachgebildeten Studenten Laschenizyn, sogar dem hochverehrten Dichter Tolstoi. Weiter wird man eingeführt in die Familien Charitonow und Lenartowitsch. Keine dieser Familien ist in dem Roman abgerundet dargestellt; Solschenizyn wird vermutlich in den folgenden Bänden diese Fäden wieder aufnehmen.
Das wichtigste Bindeglied für alle Personen und Ereignisse des Romans ist Worotynzew, Oberst im Generalstab. Er ist romantechnisch eine Art Ivanhoe aus dem gleichnamigen Roman Walter Scotts, eine Figur, die selbst historisch wenig vorgeprägt ist und deshalb dem Autor jede Gestaltungsfreiheit erlaubt. Er hat Zugang zu allen wichtigen Personen an der Spitze; wegen seiner Offenheit, seines Könnens und seiner Güte ist er aber auch an der Front und hinter den Linien beliebt und geachtet. Damit kann er auch als bestes Bindeglied zwischen Historischem und Nichthistorischem dienen.
Diese beiden Elemente spiegeln sich auch in der Darstellungstechnik Solschenizyns. Er erzählt nicht nur abwechselnd von der Heimat und der Front, sondern variiert auch seine Schreibweise. So streut er in sein Werk sechs rein historische Dokumente ein, fünf aus dem russischen Generalstab und ein deutsches Flugblatt. Eine zweite Variante ist der rein wissenschaftliche Stil der Kapitel *23* (bis 13. 8.), *32* (14. 8.), *41* (15. 8.) und *49* (16. und 17. 8.), die in knapper Zusammenfassung die historischen Ereignisse der betreffenden Tage enthalten. Das mit Rücksicht auf die Zensur noch ausgelassene Kapitel *22* soll Lenins Handlungen am 13. August beschreiben. Ganz und gar unhistorisch sind dagegen fünf *Bilder*, die sich manchmal wie eine Regieanweisung für eine fast surrealistische Verfilmung lesen, manchmal auch wie ekstatische Lyrik. So zum Beispiel eine brennende Mühle, deren Flügel sich unter der Hitze zu drehen anfangen, oder ein reitender Kosak, der mit einer Meldung alles in Bewegung und durcheinander bringt.

Diese abwechslungsreichen Darstellungsweisen drücken auch ein polares Gegenüber aus. Die Gegensätze prallen jedoch nicht mehr wie im Frühwerk frontal aufeinander, sondern sind komplexer miteinander verknüpft. Nicht umsonst nannte Solschenizyn die Teile seines Werkes nicht Bände, sondern Knoten. Und zu solchen Knoten verknüpft sind Russen und Deutsche, Generäle und Soldaten, Könner und Versager. In der Heimat sind es die Ingenieure Archangorodskij und Obodowskij, die Rußland durch Industrie modernisieren, und die linksradikalen Studenten, die es mit Gewalt verändern wollen. An der Front sind es zum Beispiel der General Samsonow und der einfache Soldat Blagodarjow – eine Figur, die die Größe eines Schuchow oder Jegorow besitzt –, in denen sich auf verschiedene und doch gleiche Art Altes und Neues verknüpft, die Gegenwart des Krieges und die Vergangenheit eines unwandelbaren Rußlands[52]. Darin schließlich wird die wichtigste Verknotung sichtbar, die von Zeit und Zeitlosigkeit, Geschichte und Mythos.

Hier muß die Darstellung abbrechen, da *August Vierzehn* erst der Anfang eines gigantischen Werkes ist. Die letzten Beobachtungen können rückblickend noch einmal das ganze bisher erschienene Werk Solschenizyns beleuchten, denn alle seine Bücher sind letztlich solche Knoten – Knoten aus russisch und weltbürgerlich, kommunistisch und menschlich, grausamer Verfolgung und Lebenswillen, Leiden und Güte. Die Darstellung dieser Verknotungen ist rein dichterisch; sie macht Solschenizyn zum Künstler, zu mehr als nur einer politischen Figur. Das Aufzeigen derartiger Verknüpfungen wiederum ist für Solschenizyn Wahrheit, die er immer wieder und überall sucht und von der er selbst sagt: *„Ein einziges Wort der Wahrheit kann die ganze Welt aufwiegen. Auf dieser* scheinbar phantastischen Verletzung des Gesetzes von der Erhaltung der Energie beruht auch meine eigene Arbeit und mein Aufruf an die Schriftsteller der ganzen Welt[53]."

Anmerkungen

1. Roy A. Medwedjew, *Die Wahrheit ist unsere Stärke: Geschichte und Folgen des Stalinismus*, Frankfurt/Main 1973.
2. Helen von Ssachno und Manfred Grunert (Hg.), *Literatur und Repression: Sowjetische Kulturpolitik seit 1965*, dtv 677, S. 39.
3. Ebd., S. 40.
4. Alexander Solschenizyn, *...gegen die Zensur*, München, Wien 1970, S. XXXVI.
5. Peter Reddaway (Hg.), *Uncensored Russia*, New York, St. Louis, San Francisco, Toronto 1972, S. 20–24.
   Horst Bienek, *Solschenizyn und andere*, Reihe Hanser 95, S. 90–99.
6. Helen von Ssachno und Manfred Grunert (Hg.), *Literatur und Repression*, a.a.O., S. 65–85.
7. Horst Bienek, *Solschenizyn und andere*, a.a.O., S. 95.
8. Peter Reddaway (Hg.), *Uncensored Russia*, a.a.O.
9. *Neue Zürcher Zeitung*, 7. 4. 1974, S. 50.
10. Alexander Solschenizyn, *Von der Verantwortung des Schriftstellers I*, Edition „Arche Nova", Zürich 1969, S. 15 f.
11. Vgl. das Interview mit Pavel Ličko in: Alexander Solschenizyn, *Von der Verantwortung des Schriftstellers I*, a.a.O., S. 9 f. Alexander Solschenizyn, „Meine Biographie", Elisabeth Markstein und Felix Philipp Ingold (Hg.), *Über Solschenizyn*, Darmstadt und Neuwied 1973, S. 241 ff.
12. *stern*, 21. 11. 1974.
13. Reinhold Neumann-Hoditz, *Solschenizyn,* rowohlts monographien 210, S. 31.
    Schores Medwedjew, *Zehn Jahre im Leben des Alexander Solschenizyn*, Darmstadt und Neuwied 1974, S. 181 ff.
    Die Zeit, US-Ausgabe, Nr. 31, 8. 8. 1972, S. 11.
    Quick, 17. 1. 1974, S. 12, S. 76.
14. Solschenizyn veröffentlichte ein Buch eines anonymen sowjetischen Literaturwissenschaftlers, *Stremja* „Tichogo Dona", Paris 1974, demzufolge nicht Scholochow, sondern

der Kosakenführer und Autor Fjodor Krjukow den *Stillen Don* verfaßt hat.

15 Weitere Tatsachen in *Der Spiegel*, 11. 2. und 18. 2. 1974.
16 Nils Morten Udgaard, „Solschenizyn im Exil", *Die Zeit*, US-Ausgabe, Nr. 37, 13. 9. 1974, S. 9.
17 *Kontinent*, Nr. 1, Frankfurt/M., Berlin, Wien 1974. Zur Auseinandersetzung um diese Zeitschrift vgl. die Zusammenfassung von Dieter E. Zimmer, „Wer relativiert hier wen?", *Die Zeit*, US-Ausgabe, Nr. 50, 13. 12. 1974, S. 9f.
18 Andrej Dimitrijewitsch Sacharow, *Stellungnahme*, Wien, München, Zürich 1974.
19 Alexander Solschenizyn, *Offener Brief an die Sowjetische Führung*, Sammlung Luchterhand 178, S. 55.
20 Felix Philipp Ingold und Ilma Rakusa (Hg.), *Gedichte an Gott sind Gebete*, Zürich 1972, S. 9.
21 Vgl. Michael A. Nicholson, „Solschenizyns Ansichten zur Literatur", Elisabeth Markstein und Felix Philipp Ingold, *Über Solschenizyn*, a. a. O., S. 218 ff.
22 Alexander Solschenizyn, *Von der Verantwortung des Schriftstellers II*, Edition „Arche Nova", Zürich 1970, S. 21.
23 Ebd., S. 24.
24 Alexander Solschenizyn, *Von der Verantwortung des Schriftstellers I*, a. a. O., S. 14.
25 Ebd., S. 16.
26 Helen von Ssachno und Manfred Grunert (Hg.), *Literatur und Repression*, a. a. O., S. 88.
27 Alexander Solschenizyn, *Von der Verantwortung des Schriftstellers II*, a. a. O., S. 22 f.
28 Die Übersetzungsbeispiele sind in der folgenden Reihenfolge zitiert:
Aggy Jais in Alexander Solschenizyn, *Zwischenfall auf dem Bahnhof Kretschetowka: Erzählungen*, dtv 857, S. 85.
Ingrid Tinzmann in Alexander Solschenizyn, *Im Interesse der Sache*, Sammlung Luchterhand 75, S. 29.
Mary von Holbeck in: Alexander Solschenizyn, *...den Oka-Fluß entlang*, Frankfurt/Main 1965, S. 51.
29 Alexander Solschenizyn, „Meine Biographie", a. a. O., S. 241.
30 David Burg und George Feifer, *Solshenizyn*, München 1973, S. 104, 106, 122, 295.
31 Bernd Nielsen-Stokkeby (Hg.), *Der Fall Solschenizyn*, Fischer Bücherei 1232, S. 42 ff., S. 63 ff., S. 88 ff.

32 Schores Medwedjew, *Zehn Jahre im Leben des Alexander Solschenizyn*, a. a. O., S. 136 ff.
33 *Die Zeit*, US-Ausgabe, 9. 12. 1969, S. 10, und 20. 9. 1974, S. 8.
34 David Burg und George Feifer, *Solshenizyn*, a. a. O., S. 210 f.
35 Alexander Solschenizyn, *Von der Verantwortung des Schriftstellers I*, a. a. O., S. 13.
36 Ebd., S. 14.
37 David Burg und George Feifer, *Solshenizyn*, a. a. O., S. 219 ff. In ihm Stalin zu sehen, scheint etwas übertrieben, da er zu sehr Randfigur ist.
38 Alexander Solschenizyn, *...gegen die Zensur*, a. a. O., S. 7.
39 Vgl. Tatjana Winokur, „Über Sprache und Stil des Iwan Denissowitsch", Elisabeth Markstein und Felix Philipp Ingold, *Über Solschenizyn*, a. a. O., S. 168 ff.
Wanda Bronska Pampuch, „Phönix aus Stalins Asche", *Der Monat*, Nr. 174, März 1963, S. 82.
40 Alexander Solschenizyn, „Die Leser des Iwan Denissowitsch", Elisabeth Markstein und Felix Philipp Ingold, *Über Solschenizyn*, a. a. O., S. 267 ff.
41 Georg Lukács, *Solschenizyn*, Sammlung Luchterhand 28, S. 5 ff.
42 Alexander Solschenizyn, *Von der Verantwortung des Schriftstellers I*, a. a. O., S. 16 f.
43 *Kontinent*, Nr. 1, a. a. O., S. 112–127.
44 Ob man dabei – wie Böll – mit einer Kathedrale vergleichen sollte, ist fraglich – man wird eher an einen Wolkenkratzer erinnert! Vgl. Heinrich Böll, „Die verhaftete Welt", *Merkur* 23, 1969, S. 474.
45 Hinter ihm soll der bekannte russische Germanist Lew Kopelew stehen. Inwieweit der *Erste Kreis* auch ein Schlüsselroman ist, was oft vermutet wird, ist für den westlichen Leser schwer festzustellen.
46 Edward J. Brown, *Major Soviet Writers*, Oxford University Press, London, Oxford, New York 1973, S. 363.
47 Alexander Solschenizyn, *Von der Verantwortung des Schriftstellers II*, a. a. O., S. 20.
48 Ebd., S. 22 ff.
49 Vgl. Literaturangaben bei Horst Benek, „Die große Beglückung als blutige Farce", *Die Zeit*, US-Ausgabe, 1. 2. 1974, S. 9.
50 *Chicago Sun Times*, 8. 2. 1974.

51 Helen von Ssachno, „Viel Achtung vor dem deutschen Gegner", *Die Zeit*, US-Ausgabe, 8. 8. 1972, S. 12.
52 Alexander Schmemann, „Der Rußlandmythos und ‚August Vierzehn'", Elisabeth Markstein und Felix Philipp Ingold, *Über Solschenizyn*, a. a. O., S. 94 ff.
53 Alexander Solschenizyn, *Nobelpreisrede*, dtv zweisprachig 9088, S. 69.

Literatur

Das folgende Literaturverzeichnis ist nicht vollständig, da aus Platzgründen eine Fülle von Zeitungsartikeln nicht berücksichtigt wurde; die meisten sind in der bislang umfassendsten Solschenizyn-Bibliographie aufgeführt:
Donald M. Fiene, *Alexander Solzhenitsyn: An International Bibliography of Writings By and About Him*, Ann Arbor 1973.

I. Primärliteratur in deutscher Übersetzung
(Die Seitenzahlen im Text beziehen sich auf die jeweils zuletzt angeführte Ausgabe.)

Ein Tag im Leben des Iwan Denissowitsch, Berlin 1963; dtv 751.
Ein Tag im Leben des Iwan Denissowitsch, München, Zürich 1963; Knaur Taschenbücher 190.
Ein Tag des Iwan Denissowitsch, in *Im Interesse der Sache*, Sammlung Luchterhand 75. (Enthält die gesammelte Kurzprosa, die im Text nach dieser Ausgabe zitiert wurde.)
...den Oka-Fluß entlang, Frankfurt/Main 1965.
Der erste Kreis der Hölle, Frankfurt/Main 1968 und 1971.
Krebsstation, Neuwied, Berlin, Buch I 1968, Buch II 1969; rororo 1395/6 und 1437.
Im Interesse der Sache, Neuwied, Berlin 1970; Die Bücher der Neunzehn 183; Neuwied, Berlin 1972; Sammlung Luchterhand 75.
Matrjonas Hof (russisch und deutsch), Stuttgart 1971; Reclams Universalbibliothek 7945/46; Bibliothek Suhrkamp 324.
Nemow und das Flittchen, Neuwied, Berlin, Sammlung Luchterhand 20.
Zwischenfall auf dem Bahnhof Kretschetowka, München, Berlin 1971; dtv 857.
„Gebet" in *Gedichte an Gott sind Gebete*, hg. von Felix Philipp Ingold und Ilma Rakusa, Zürich 1972.
August Vierzehn, Neuwied, Berlin 1972.
Kirche und Politik, Zürich 1973.

Nobelpreisrede über die Literatur 1970, dtv zweisprachig 9088.
Der Archipel Gulag, Bern, München 1974.
Die rechte Hand und andere Erzählungen, dtv zweisprachig 9092.
Offener Brief an die sowjetische Führung, Sammlung Luchterhand 178.
„Dialektischer Materialismus – die fortschrittliche Weltanschauung", *Kontinent,* Nr. 1, Frankfurt/M., Berlin, Wien 1974.

II. Dokumente von und über Solschenizyn

Guttenberger, Elena. *Bestraft mit Weltruhm: Dokumente zu dem Fall Alexander Solshenizyn.* Frankfurt/Main 1970.
Labedz, Leopold. *Solzhenitsyn: A Documentary Record.* London 1970.
Markstein, Elisabeth, und Ingold, Felix Philipp. *Über Solschenizyn.* Darmstadt und Neuwied 1973.
Nielsen-Stokkeby, Bernd. *Der Fall Solschenizyn: Briefe, Dokumente, Protokolle.* Fischer Bücherei 1232.
Solschenizyn, Alexander. *Von der Verantwortung des Schriftstellers.* Bd. I, Zürich 1969. Bd. II, Zürich 1970.
Solschenizyn, Alexander. *...gegen die Zensur: Kommentare und Briefe.* München 1970.
Solschenizyn, Alexander. *Solschenizyn. Eine Biographie.* Darmstadt und Neuwied 1974.
Ssachno, Helen von, und Grunert, Manfred. *Literatur und Repression.* dtv report 677.

III. Sekundärliteratur in Auswahl

Bienek, Horst. *Solschenizyn und andere.* Reihe Hanser 95.
Bienek, Horst. „Die Maden im Fleisch". *Merkur,* Juli 1963, S. 698 ff.
Björkegren, Hans. *Aleksandr Solzhenitsyn.* New York 1972.
Bode, Barbara. „Die Diskussion um Solshenizyn als Zentrum der Auseinandersetzung in der Sowjetliteratur". *Osteuropa,* 15, 1965, S. 679 ff. und S. 784 ff.
Böll, Heinrich. „Die verhaftete Welt". *Merkur* 23, S. 474 ff.
Brown, Edward J. *Russian Literature Since the Revolution.* New York 1971.

Brown, Edward J. *Major Soviet Writers.* Oxford University Press, London, Oxford, New York 1973, S. 351 ff.
Brumberg, Abraham. *In Quest of Justice.* New York 1970.
Burg, David, und Feifer, George. *Solshenizyn: Biographie.* München 1973.
Grazzini, Giovanni. *Solzenicyn.* Milano 1971.
Hingst, Wolfgang. „Solschenizyns verlorenes Paradies und die Realität". *Neue Rundschau,* 84. Jg., 1973, S. 778 ff.
Kielmansegg, Graf Peter. „August Vierzehn – Oktober Siebzehn". *Merkur* 6, 1973, S. 583 ff.
Lukács, Georg. *Solschenizyn.* Sammlung Luchterhand 28.
Markstein, Elisabeth, und Ingold, Felix Philipp. *Über Solschenizyn.* Darmstadt und Neuwied 1973.
Medwedjew, Roy A. *Die Wahrheit ist unsere Stärke: Geschichte und Folgen des Stalinismus.* Frankfurt/Main 1973.
Medwedjew, Schores. *Zehn Jahre im Leben des Alexander Solschenizyn.* Darmstadt und Neuwied 1974.
Neumann-Hoditz, Reinhold. *Solschenizyn.* rowohlts monographien 210.
Reddaway, Peter. *Uncensored Russia.* New York, St. Louis, San Francisco, Toronto 1972.
Rothberg, Abraham. *Alexandr Solzhenitsyn: The Major Novels.* Ithaca, N. Y., 1971.
Sacharow, Andrej Dimitrijewitsch. *Stellungnahme.* Wien, München, Zürich 1974.
Ssachno, Helen von. „Viel Achtung vor dem deutschen Gegner". *Die Zeit,* US-Ausgabe, 8. 8. 1972, S. 12 (s. weitere Artikel über Solschenizyn in derselben Nummer).
Udgaard, Nils Morton. „Solschenizyn im Exil". *Die Zeit,* US-Ausgabe, 13. 9. 1974, S. 9.
Werth, Wolfgang. „Im Teufelskreis: Solschenizyns Romane". *Der Monat* 21, 245, S. 81 ff.

Zeittafel

1918 Alexander Isajewitsch Solschenizyn am 11. Dezember in Kislowodsk im Kaukasus geboren.
1924 Umzug mit der Mutter nach Rostow am Don.
1936 Abschluß der höheren Schule in Rostow.
1937 bis 1941 Studium an der physikalisch-mathematischen Fakultät der Universität Rostow.
1939 bis 1941 Fernstudium am Moskauer Institut für Geschichte, Philosophie und Literatur.
1940 Eheschließung mit Natalja A. Reschetowskaja.
1941 Examen an der Universität Rostow. Einberufung zum Militär.
1942 bis 1945 Nach Besuch einer Offiziersschule als Hauptmann und Batteriekommandeur an der deutschen Front.
1945 Verhaftung in Ostpreußen und Verurteilung zu acht Jahren Arbeitslager wegen Äußerungen gegen Stalin.
1945 bis 1946 In Arbeitslagern in der Nähe Moskaus.
1946 bis 1950 Im Forschungsinstitut für Gefangene in Marfino bei Moskau. Scheidung von Natalja Reschetowskaja.
1950 bis 1953 Im Arbeitslager für politische Gefangene bei Ekibastus in Kasachstan.
1953 Erfolglose Krebsoperation. Entlassung aus der Lagerhaft.
1953 bis 1956 In der Verbannung in Kok-Terek in Kasachstan, Dorfschullehrer. Beginn der schriftstellerischen Tätigkeit. *Das Gelage der Sieger.*
1954 Erfolgreiche Krebsbehandlung in Taschkent in Usbekistan. *Nemow und das Flittchen.*
1956 Entlassung aus der Verbannung. Umzug nach Talnowo, Bezirk Wladimir in Mittelrußland, Dorfschullehrer.
1957 Rehabilitierung durch den Obersten Gerichtshof der UdSSR. Wiederverheiratung mit Natalja Reschetowskaja. Umzug nach Rjasan an der Oka.
1962 *Ein Tag des Iwan Denissowitsch* veröffentlicht. Aufgabe des Lehrerberufs. *Kerze im Wind. Prosaminiaturen* begonnen.
1963 *Zwischenfall auf der Station Kretschetowka, Matrjonas Hof, Im Interesse der Sache* veröffentlicht.

1964 *Der erste Kreis der Hölle, Die rechte Hand.*
1965 Manuskripte Solschenizyns werden in Moskau konfisziert. *Die Osterprozession. Über die russische Sprache.*
1966 *Sachar mit der großen Tasche, Krebsstation I.*
1967 *Krebsstation II.* Protest gegen Verleumdungen in Offenen Briefen an den Vierten Kongreß des Schriftstellerverbandes und an dessen Sekretariat. Diskussionen mit Mitgliedern des Verbandes über seine Werke.
1968 *Krebsstation* und *Der erste Kreis der Hölle* erscheinen als Raubdrucke im Westen.
1969 Ausschluß aus dem Sowjetischen Schriftstellerverband durch die Ortsgruppe Rjasan. Trennung von Natalja Reschetowskaja, Zusammenleben mit Natalja Swetlowa.
1970 Nobelpreis für Literatur, in Abwesenheit verliehen. *Nobelpreisrede, Gebet.*
1971 Geburt des Sohnes Jermolai. *August Vierzehn.*
1972 *Fastenbrief.* Geburt des Sohnes Ignat.
1973 Gewährung der Scheidung von Natalja Reschetowskaja, Eheschließung mit Natalja Swetlowa, Geburt des Sohnes Stepan. *Der Archipel Gulag. Offener Brief an die sowjetische Führung.*
1974 *Lebt nicht mit der Lüge.* Verhaftung in Moskau, zwangsweise Ausbürgerung nach Westdeutschland, Umzug nach Zürich. *Der Archipel Gulag*, 2. Bd.

Inhalt

Einführung	5
Hintergründe und Voraussetzungen	7
Das Frühwerk: Lyrik – Epos – Dramen	34
Kurzgeschichten und Novellen	39
Der polyphone Roman	54
Die Weitung zur Großform	65
Anmerkungen	77
Literatur	81
Zeittafel	84

KÖPFE DES XX · JAHRHUNDERTS

Stefan Andres
Jean Anouilh
Samuel Beckett
David Ben Gurion
Gottfried Benn
Werner Bergengruen
Ernst Bloch
Heinrich Böll
Wolfgang Borchert
Wernher von Braun
Bert Brecht
Carl J. Burckhardt
Albert Camus
Paul Claudel
Le Corbusier
Friedrich Dürrenmatt
Albert Einstein
T. S. Eliot
William Faulkner
Sigmund Freud
Max Frisch
Mahatma Gandhi
André Gide
Maxim Gorki
Günter Grass
Otto Hahn
Peter Handke
Werner Heisenberg
Ernest Hemingway
Hermann Hesse
Hugo von Hofmannsthal
Karl Jaspers
Uwe Johnson
James Joyce
Ernst Jünger
C. G. Jung
Erich Kästner
Franz Kafka
John F. Kennedy
Martin Luther King
Käthe Kollwitz
D. H. Lawrence
Siegfried Lenz
Georg Lukács
Wladimir Majakowski
Heinrich Mann
Thomas Mann
Christian Morgenstern
Robert Musil
Eugene O'Neill
José Ortega y Gasset
Pablo Picasso
Ezra Pound
Marcel Proust
Rainer Maria Rilke
Bertrand Russell
Antoine de Saint-Exupéry
Arnold Schönberg
G. B. Shaw
Alexander Solschenizyn
Stauffenberg
John Steinbeck
Igor Strawinsky
Pierre Teilhard de Chardin
Martin Walser
Franz Werfel
Tennessee Williams
Thomas Wolfe
Carl Zuckmayer
Stefan Zweig

COLLOQUIUM VERLAG BERLIN